啄木鸟
生活与法律指引

道路交通事故损害赔偿 101 问

翟常波 ◎ 著

http://press.hust.edu.cn
中国·武汉

图书在版编目（CIP）数据

道路交通事故损害赔偿101问/翟常波著.——武汉：华中科技大学出版社，2023.6
（啄木鸟生活与法律指引书系）

ISBN 978-7-5680-9510-5

Ⅰ.①道… Ⅱ.①翟… Ⅲ.①公路运输－交通运输事故－赔偿－中国－问题解答 Ⅳ.①D922.145

中国国家版本馆CIP数据核字(2023)第089130号

道路交通事故损害赔偿101问　　　　　　　　　　　　翟常波　著
Daolu Jiaotong Shigu Sunhai Peichang 101 Wen

策划编辑：	郭善珊
责任编辑：	张　丛
封面设计：	张　靖
责任校对：	李　琴
责任监印：	朱　玢
出版发行：	华中科技大学出版社（中国·武汉）　电话：（027）81321913
	武汉市东湖新技术开发区华工科技园　邮编：430223
录　排：	张　靖
印　刷：	武汉市籍缘印刷厂
开　本：	880mm×1230mm　1/32
印　张：	5.75
字　数：	121千字
版　次：	2023年6月第1版第1次印刷
定　价：	39.00元

本书若有印装质量问题，请向出版社营销中心调换
全国免费服务热线：400-6679-118，竭诚为您服务
版权所有　侵权必究

序　言

为什么要编写这本普法性质的书，主要原因可能包括以下几点。

第一，十六年前，刚从政府机关转行做律师时，所在律师团队主要是处理各种类型的交通事故案件，以至于有时候有一种"走火入魔"的感觉。编写这本书，算是对那段年轻岁月的纪念与回应，特别要感谢王传理律师、尤宝柱律师及团队伙伴们给予的大量指点、帮助与协助。

第二，人身、财产侵权行为属于常见、多发类型案件，掌握一些基础的法律知识，即使对非法律专业人士，也是大有益处的。

第三，随着社会分工更加细致化、专业化，与车辆相关的新职业类型不断出现，如代驾、网约车、自带车快递小哥等，如果发生交通事故，相关法律责任的具体承担需要明确。

第四，律师作为法律专业人士，把办理案件过程中遇到的典型案例、案件处理要点与难点以及相关思考记录下来，是一件有意义、有趣的事情。同时，也是对个人法律专业素养的一种提升与锤炼。

本书以道路交通安全法章节、法条为主线，设置了若干常见的法律问题，结合相关法律法规、司法解释等，我们有针对性进行了解答。对重要的法律条文，相应选取了经典案例，进一步说明事实认定与法律适用。此外，对重难点案例，除了"法院认为"外，还增配了"律师指引"，让读者可以对相关法律要点的理解更清晰。

在本书编写过程中，感谢我的好朋友、中国政法大学同学、知识产权大律师陈浩提供了很多好的思路与想法，从而使本书骨架更合理，内容更丰满。此外，我的多位充满活力的助理、实习生杨风笑、潘杰、刘昭良等，也为本书也做了不少贡献。

本书的编写，参考了已有公开资料与研究成果，但由于时间仓促，编者水平有限，疏漏或不当之处在所难免，敬请广大读者批评指正。

翟常波
2023 年 4 月 27 日

目 录

第一章 总则 / 001

1. 住所地或经常居住地与受诉法院所在地不同,人身损害赔偿的标准如何确定?/ 001

    案例 1-1 人身损害赔偿案件赔偿费用的确定因素。/ 002

2. 道路交通事故可以分为哪几类?/ 002
3. 交通事故发生,由哪里的公安机关管辖?/ 003

第二章 车辆和驾驶人 / 004

4. 当机动车所有权发生转移时,是否要进行登记?/ 004
5. 车辆所有权人可以根据主观意思和需要改装或拼接车辆吗?/ 004

第三章 道路通行条件 / 006

6. 引发交通事故责任方是否需要承担补充赔偿责任?路面毁坏致交通事故的由谁承担责任?/ 006

    案例 3-1 高速公路管理部门违反安全保障义务。/ 006

    案例 3-2 建筑物管理瑕疵,导致交通事故侵权责任的分析。/ 007

    案例 3-3 路面毁坏致交通事故的,由谁承担责任?/ 007

第四章 道路通行规定 / 008

7. 拖拉机道路通行有无限制或者规定?/ 008
8. 无民事行为能力人或限制民事行为能力人在道路上通行有哪些规定?/ 008
9. 机动车在道路上发生故障时,应如何进行紧急处理?/ 009

第五章　交通事故处理 / 010

10. 哪些情况下,当事人应当保护现场并立即报警? / 010
11. 公安机关及其交通管理部门接到报警后,受理时应当注意什么? / 011
12. 交通事故不同情形下收集证据的重点有何不同? / 011
13. 举证责任应如何分配? / 012
14. 发生交通事故后如何自我取证? / 013
15. 发生交通事故,车辆驾驶人该怎么办? / 014
16. 事故发生时没有报警,事后报案,公安机关交通管理部门会如何处理? / 014
17. 当事人对交通事故事实无争议应当如何处理? / 015
18. 当事人对交通事故事实有争议应当如何处理? / 015
19. 交通警察对现场勘查完毕后,当事人应当在事故现场图上签字吗? / 016
20. 发生轻微交通事故,当事人该怎么处理? / 016
21. 对造成人身伤亡的交通事故,该怎么办? / 016
22. 发生逃逸事故后,事故现场目击人和其他知情人员应当怎么办? / 017
23. 遭遇道路交通逃逸事故怎么办? / 017
24. 哪些交通事故能"私了"? / 017
25. "私了"后应当注意哪些事项?专业伤残鉴定前达成的调解协议,受害者是否可以基于鉴定后的严重程度要求再赔偿? / 018
　　案例5-1　陈某某诉陈某、陈某权、魏某机动车交通事故责任纠纷案。/ 019
26. 选择"私了"的,如何履行道路交通事故损害赔偿? / 020
27. 哪些交通事故不能"私了"? / 021
28. 调解什么时候开始? / 021
29. 调解要持续多长时间? / 022
30. 调解由哪些人参加? / 022

31. 调解的结果有几种？/ 022
32. 调解的结果有强制性吗？/ 023
33. 交通事故案件由哪家法院管辖？/ 023
34. 交通事故的诉讼时效有什么特殊性？/ 023
35. "道路"以外发生交通事故如何处理？/ 024
36. 如何确定有管辖权的法院？/ 025
37. 对事后报警的，公安机关交通管理部门该如何处理？/ 025
38. 如何处理车损人伤的交通事故？/ 026
39. 如何调查特别重大的交通事故？/ 026
40. 必须检验体内酒精含量的情况有哪些？/ 027
41. 交通事故处理的简易程序是如何适用的？/ 028
42. 简易程序中调解是如何进行的？/ 029
43. 公安机关交通管理部门调解交通事故损害赔偿的期限为多久？/ 029
44. 公安机关交通管理部门拒做出交通事故认定书，该怎么办？/ 030
45. 交通事故认定书的主要内容是什么？/ 030
46. 公安机关交通管理部门制作交通事故认定书的期限？/ 031
47. 交通事故认定书的法律性质是什么？/ 032

　　案例 5-2　机动车相撞，交通队未定责情况下的民事赔偿责任确定。/ 032

48. 所有的交通事故都有事故责任认定书吗？/ 033
49. 没有交通事故责任认定书是否可以向法院起诉？/ 033

　　案例 5-3　交警无法认定事故责任时应如何确定当事人的赔偿责任？/ 033

50. 不服公安机关交通管理部门的道路交通事故认定书，该怎么办？/ 034
51. 下班途中发生交通事故，是不是工伤？/ 035
52. 物流电商平台经营者对网约运输侵权损害，是否该负法律责任？/ 035

　　案例 5-4　王某诉深圳 H 科技有限公司等机动车交通事故责任纠纷案。/ 035

53. 交通事故受害人的急救费用怎么支付？/ 037

54. 投保车辆撞伤他人，是由保险公司赔付吗？/ 037

55. 机动车驾驶人全责，保险公司还赔付吗？/ 037

56. 交通事故责任强制保险（简称"交强险"）的责任限额是多少？/ 038

57. 以家庭自用名义投保的车辆从事网约车营运活动，发生交通事故后保险公司是否赔偿？/ 039

  案例 5-5　程某诉张某机动车交通事故责任纠纷案。/ 040

58. 网络平台配送员调度私家车进行运营而发生交通事故，责任该由谁承担？/ 041

  案例 5-6　郑某红诉赵某通等机动车交通事故责任纠纷案。/ 041

59. 同时投保"交强险"和商业三者险，发生交通事故的理赔顺序是什么？/ 043

60. 车辆损失险如何理赔？/ 044

61. 保险人应当预见被保险车辆使用性质的改变会导致危险程度增加时，保险人是否应该承担法律责任？/ 044

  案例 5-7　高某等诉吴某等机动车交通事故责任纠纷案。/ 045

62. 车卖了，车辆保险该如何处理？/ 048

63. 索赔金额能超过保险金额吗？/ 048

第六章　执法监督 / 049

64. 公安机关交通管理部门造成暂扣车辆损坏的，车辆所有人该怎么办？/ 049

65. 交警追赶违规车辆发生交通事故，公安机关交通管理部门要承担责任吗？/ 049

66. 交警执法不当，公安机关交通管理部门要承担赔偿责任吗？/ 050

67. 驾驶员按交警的指挥通行，造成交通事故，赔偿责任由谁承担？/ 051

第七章 法律责任 / 052

68. 交警在什么情况下可以扣留当事人的机动车驾驶证？/ 052
69. 交警在什么情况下可以扣留当事人机动车？/ 052
70. 交警如何处理所扣留机动车上的货物？/ 053
71. 受害方可以自行扣押肇事车辆吗？/ 053
72. 交警可以作出哪些处罚？/ 054
73. 饮酒和醉酒的处罚有什么不一样吗？/ 054
74. 交通事故责任的构成条件是什么？/ 055
75. 交通事故责任的种类有哪些？/ 056
76. 交通事故责任的推定有哪几种情况？/ 056
77. 公安机关交通管理部门认定交通事故责任的标准是什么？/ 057
78. 两机动车相撞，责任如何承担？/ 057
79. 两车相撞，造成一车中的乘客受伤，由谁承担责任？/ 057
80. 摩托车路上被绊，由谁承担责任？/ 058
81. 行人横穿马路，被撞谁担责？/ 058

    案例 7-1 行人违反交通规则，机动车一方采取必要措施的，应减轻其赔偿责任。/ 059

82. 行人在机动车道上打车，受伤谁担责？/ 060
83. 幼童马路上被撞，由谁承担责任？/ 060
84. 卧路自杀被撞死，谁承担责任？/ 060

    案例 7-2 交通事故中机动车无责时的赔偿比例负担。/ 061

85. 行人撞上机动车，责任如何承担？/ 062
86. 孩子钻洞上高速，被撞后责任如何分担？/ 062
87. 交通事故的责任无法查清，由谁承担？/ 063
88. 机动车违反停放规定引发交通事故，责任由谁承担？/ 063
89. 机动车为避自行车撞他人，责任谁承担？/ 063
90. 行人受两车夹击后惊慌失措被轧，谁承担责任？/ 064

    案例 7-3 共同侵权行为责任判定。/ 064

91. 职务行为发生交通事故，由谁承担责任？/ 065

92. 驾私车出公差发生交通事故，由谁承担责任？/ 066

93. 因租赁、借用等情形机动车所有人与使用人不是同一人而发生交通事故时，该如何确定法律责任？/ 066

  案例 7-4 某租赁公司长沙分公司与郑某等机动车交通事故责任纠纷上诉案。/ 066

94. 分期付款购买的车辆发生交通事故，由谁承担责任？/ 068

95. 尚未过户的车辆发生交通事故，由谁承担责任？/ 068

96. 未成年人造成交通事故，由谁承担责任？/ 069

97. 交通事故伤及乘车人，由谁赔偿？/ 069

98. 免费搭车人受伤，由谁承担责任？/ 069

  案例 7-5 酒后搭车摔下死亡后，责任的认定。/ 070

99. 搭"醉"车被撞，搭车人有没有责任？/ 070

100. 允许没有驾驶资格的人驾车发生事故，由谁承担责任？/ 071

101. 擅自发动他人车辆造成事故，由谁承担责任？/ 071

  案例 7-6 擅自发动他人车辆造成事故，由谁承担？/ 071

102. 盗用他人车辆发生交通事故，谁来赔偿？/ 072

103. 出租车出事故，责任谁承担？/ 073

  案例 7-7 道路交通事故中对搭乘人损害的赔偿责任认定。/ 074

104. 挂靠车辆出事故，由谁承担责任？/ 075

105. 指使未成年人驾车，责任由谁承担？/ 075

106. 交通事故损害赔偿有哪些免责理由？/ 076

  案例 7-8 过错与承责比例的关系。/ 076

107. 受害人的个人体质对交通事故导致的伤残存在一定影响，是否应当减轻或免除肇事者的责任？/ 077

  案例 7-9 荣某诉王某、某财产保险股份有限公司江阴支公司机动车交通事故责任纠纷案。/ 077

108. 肇事司机遗弃伤者，构成故意杀人罪吗？/ 079
109. 如何准确把握"交通肇事后将被害人带离事故现场后隐藏或遗弃，致使被害人无法得到救助而死亡"的情形？/ 080
　　案例 7-10 倪某交通肇事案。/ 081
110. 醉酒驾驶并抗拒检查的是否应以危险驾驶罪和妨害公务罪数罪并罚？/ 082
111. 醉酒后在道路上挪动车位的行为是否构成危险驾驶罪？/ 083
　　案例 7-11 朴某危险驾驶罪。/ 084
112. 如何认定危险驾驶罪中规定的追逐竞驶情节恶劣？/ 085
　　案例 7-12 张某某、金某危险驾驶案。/ 085
113. 受害人因交通事故造成的损伤引发自身疾病而导致死亡的，能否减轻或者免除肇事者的法律责任？/ 087
　　案例 7-13 王某、张某、张某1诉B保险公司等交通事故责任纠纷案。/ 087

第八章　损害赔偿 / 091

114. 交通事故中直接财产损失如何赔偿？/ 091
　　案例 8-1 加害方要赔偿受害方因事故产生的损失。/ 091
115. 胎儿有权请求交通事故损害赔偿吗？/ 092
116. 交通事故中间接财产损失如何赔偿？/ 092
117. 车辆停运期间的损失如何赔偿？/ 093
118. 交通事故造成人身伤害，能请求精神损害赔偿吗？/ 093
119. 谁可以提出精神损害赔偿？/ 094
120. 什么时间提出精神损害赔偿？/ 094
121. 如何确定精神损害赔偿的数额？/ 094
122. 提出精神损害抚慰金的赔偿应当注意哪些事项？/ 095
123. 医疗费 / 095

124. 误工费 / 096

125. 护理费 / 096

126. 交通费 / 097

127. 住院伙食补助费 / 098

128. 营养费 / 098

129. 残疾赔偿金 / 099

130. 残疾辅助器具费 / 100

131. 如何计算被抚养人的生活费？/ 100

132. 如何计算丧葬费？/ 101

133. 如何计算死亡赔偿金？/ 101

134. 受害人在二审诉讼过程中死亡，是以伤残赔偿金的相关计算标准，还是以死亡赔偿金的相关计算标准确定损害赔偿的范围、项目及数额？/ 103

  案例 8-2 王某等诉顾某、XX 保险股份有限公司 S 市分公司机动车交通事故责任纠纷案。/ 103

135. 被执行人拒不执行，如何保障受害人的利益？/ 105

  案例 8-3 赵某申请执行张某机动车交通事故案。/ 106

136. 快递车辆发生交通事故，法律责任由谁承担？/ 108

  案例 8-4 快递车辆发生交通事故，责任主体的认定。/ 108

  案例 8-5 快递特许人、被特许人（加盟公司）、承包人、快递员之间责任主体的认定。/ 109

附录　相关法律法规 / 111

附录 A　人体损伤致残程度分级 / 112

附录 B　《中华人民共和国道路交通安全法》（节选）/ 143

附录 C　《道路交通事故处理程序规定》/ 152

第一章 总 则

 住所地或经常居住地与受诉法院所在地不同，人身损害赔偿的标准如何确定？

在计算残疾赔偿金和死亡赔偿金时，按受诉法院所在地上一年度城镇居民人均可支配收入标准计算。

根据《最高人民法院关于审理人身损害赔偿案件适用法律若干问题的解释（2022修正）》第十二条规定："残疾赔偿金根据受害人丧失劳动能力程度或者伤残等级，按照受诉法院所在地上一年度城镇居民人均可支配收入标准，自定残之日起按二十年计算。但六十周岁以上的，年龄每增加一岁减少一年；七十五周岁以上的，按五年计算。"

第十五条规定："死亡赔偿金按照受诉法院所在地上一年度城镇居民人均可支配收入标准，按二十年计算。但六十周岁以上的，年龄每增加一岁减少一年；七十五周岁以上的，按五年计算。"

同时，根据《最高人民法院关于审理人身损害赔偿案件适用法律若干问题的解释（2022修正）》第十八条规定："赔偿权利人举证证明其住所地或者经常居住地城镇居民人均可支配收入高于受诉法院所在地标准的，残疾赔偿金或者死亡赔偿金可以按照其住所地或者经常居住地的相关标准计算。"

➡️ 案例 1-1 人身损害赔偿案件赔偿费用的确定因素。

基本案情：死者刘某生前为农村户口。2010年3月，刘某经工商登记，从事沙发、家具批发、零售业务，并按照规定缴纳各项税费和工商费用。2022年6月11日18时，刘某乘坐某交通运输公司的依维柯客车时，与迎面驶来的轿车相撞，造成刘某死亡。经公安机关交通管理部门认定：依维柯客车的驾驶员因超速行驶，负此次事故的次要责任，乘车人不负责任。后相关当事人诉至法院，要求该交通运输公司承担违约责任，赔偿死者经济损失共计36万余元。

律师指引：2022年2月15日，最高人民法院审判委员会第1864次会议讨论通过了《最高人民法院关于修改〈最高人民法院关于审理人身损害赔偿案件适用法律若干问题的解释〉的决定》，在人身损害赔偿案件中，关于残疾赔偿金、死亡赔偿金以及被扶养人生活费不再区分城乡居民分别计算，而是统一按照政府统计部门公布的各省、自治区、直辖市以及经济特区和计划单列市的城镇居民指标计算，按照受诉法院所在地上一年度城镇居民人均可支配收入标准进行计算。

2. 道路交通事故可以分为哪几类？

道路交通事故分为财产损失事故、伤人事故和死亡事故。财产损失事故是指造成财产损失，尚未造成人员伤亡的道路交通事故；伤人事故是指造成人员受伤，尚未造成人员死亡的道路交通事故；死亡事故是指造成人员死亡的道路交通事故。

同时，道路交通事故分为轻微事故、一般事故、重大事故、特大事故四类。轻微事故是指一次造成轻伤 1 至 2 人，或者财产损失机动车事故不足 1000 元，非机动车事故不足 200 元的事故；一般事故是指一次造成重伤 1 至 2 人，或者轻伤 3 人以上，或者财产损失不足 3 万元的事故；重大事故是指一次造成死亡 1 至 2 人，或者重伤 3 人以上 10 人以下，或者财产损失 3 万元以上不足 6 万元的事故；特大事故是指一次造成死亡 3 人以上，或者重伤 11 人以上，或者死亡 1 人，同时重伤 8 人以上，或者死亡 2 人，同时重伤 5 人以上，或者财产损失 6 万元以上的事故。

3. 交通事故发生，由哪里的公安机关管辖？

道路交通事故由事故发生地的县级公安机关交通管理部门管辖。未设立县级公安机关交通管理部门的，由设区的市公安机关交通管理部门管辖。道路交通事故发生在两个以上管辖区域的，由事故起始点所在地公安机关交通管理部门管辖。对管辖权有争议的，由共同的上一级公安机关交通管理部门指定管辖。指定管辖前，最先发现或者最先接到报警的公安机关交通管理部门应当先行处理。上级公安机关交通管理部门在必要的时候，可以处理下级公安机关交通管理部门管辖的道路交通事故，或者指定下级公安机关交通管理部门限时将案件移送其他下级公安机关交通管理部门处理。案件管辖权发生转移的，处理时限从案件接收之日起计算。

第二章　车辆和驾驶人

 当机动车所有权发生转移时,是否要进行登记?

根据《中华人民共和国道路交通安全法》(2021年修正)(以下简称《道路交通安全法》)第十二条规定,有下列情形之一的,应当办理相应的登记:

（一）机动车所有权发生转移的;

（二）机动车登记内容变更的;

（三）机动车用作抵押的;

（四）机动车报废的。

因此机动车属于动产,动产所有权转移生效要件为交付,因而其权属变动需要登记公示。

 车辆所有权人可以根据主观意思和需要改装或拼接车辆吗?

不能。《道路交通安全法》(2021年修正)第十六条规定,任何单位或者个人不得有下列行为:

（一）拼装机动车或者擅自改变机动车已登记的结构、构造或者特征;

（二）改变机动车型号、发动机号、车架号或者车辆识别代号；

（三）伪造、变造或者使用伪造、变造的机动车登记证书、号牌、行驶证、检验合格标志、保险标志；

（四）使用其他机动车的登记证书、号牌、行驶证、检验合格标志、保险标志。

第三章　道路通行条件

6. 引发交通事故责任方是否需要承担补充赔偿责任？路面毁坏致交通事故的由谁承担责任？

引发交通事故的各责任方均应当承担赔偿责任，如果路面损坏也是事故发生的原因或者原因之一，对路面负有管理职责的部门，也应当承担相应的赔偿责任。

➡ 案例 3-1　高速公路管理部门违反安全保障义务。

在某高速公路上，甲驾驶的小轿车正常行驶，突然其前方同向行驶的、为高速公路某服务区运送石子的货车突然刹车转向，并横向穿越高速公路中间分隔带开口处。甲驾驶的小轿车避让不及，造成两车相撞，致使甲受伤，小轿车损坏。

《中华人民共和国民法典》（以下简称《民法典》）第一百八十六条规定，"因当事人一方的违约行为，损害对方人身权益、财产权益的，受损害方有权选择请求其承担违约责任或者侵权责任。"本案交通事故发生的直接原因在于肇事车辆违章调头，交通事故责任方应当承担侵权的民事责任。而高速公司未尽必要的安全保障义务，其不作为行为亦是事故发生的原因，应当承担相应的民事责任。故法院判决先由肇事车辆方承担赔偿责任，不足部分由某高速公司承担补充赔偿责任。

▶▶ 案例 3-2 建筑物管理瑕疵，导致交通事故侵权责任的分析。

甲超速驾驶轿车，内乘乙、丙，当车由东向西行至某五环路，在躲避路中一条无主犬时，车辆失控，与路边隔离带相撞，犬当场死亡，乙受伤，甲经医院抢救无效死亡。

本案中，公路公司作为某五环封闭式收费高速公路的管理者，没有及时发现并清除无主之犬，其存在管理瑕疵，对甲的死亡有过错，应承担赔偿责任。甲驾车系超速行驶，且没有在确保安全的原则下通行，其本身也有重大过失。因此，应当减轻公路公司的赔偿责任。

▶▶ 案例 3-3 路面毁坏致交通事故的，由谁承担责任？

甲驾驶两轮摩托车从自家出来到某路口找人，行至某饭店门口路段时，遇路面有坑，摔倒并当场死亡。后经查明，甲属于无驾驶证、饮酒后驾车、驾驶无牌照车辆、超速行驶。

公路管理机构应当按照国务院交通管理部门规定的技术规范对公路进行养护，保证公路经常处于良好的状态。公路局作为公路管理机构，有责任对公路进行养护。本案中，因公路局对事故路段未尽养护义务，以致造成人身伤亡，其应当作为而没有作为故存有过错，应当承担相应的民事责任；但死者的严重违章行为是引起事故的主要原因，故对损害结果甲应承担主要责任。

第四章　道路通行规定

7. 拖拉机道路通行有无限制或者规定？

根据《道路交通安全法》（2021年修正）第五十五条规定，高速公路、大中城市中心城区内的道路，禁止拖拉机通行。其他禁止拖拉机通行的道路，由省、自治区、直辖市人民政府根据当地实际情况规定。

在允许拖拉机通行的道路上，拖拉机可以从事货运，但是不得用于载人。

8. 无民事行为能力人或限制民事行为能力人在道路上通行有哪些规定？

根据《道路交通安全法》（2021年修正）第六十四条规定，"学龄前儿童以及不能辨认或者不能控制自己行为的精神疾病患者、智力障碍者在道路上通行，应当由其监护人、监护人委托的人或者对其负有管理、保护职责的人带领。盲人在道路上通行，应当使用盲杖或者采取其他导盲手段，车辆应当避让盲人。"

9. 机动车在道路上发生故障时，应如何进行紧急处理？

根据《道路交通安全法》（2021年修正）第五十二条规定，"机动车在道路上发生故障，需要停车排除故障时，驾驶人应当立即开启危险报警闪光灯，将机动车移至不妨碍交通的地方停放；难以移动的，应当持续开启危险报警闪光灯，并在来车方向设置警告标志等措施扩大示警距离，必要时迅速报警。"同时，针对在高速公路上发生故障的，除应当依照第五十二条的有关规定办理外，还应当依照第六十八条规定，"机动车在高速公路上发生故障时，应当依照本法第五十二条的有关规定办理；但是，警告标志应当设置在故障车来车方向一百五十米以外，车上人员应当迅速转移到右侧路肩上或者应急车道内，并且迅速报警。

"机动车在高速公路上发生故障或者交通事故，无法正常行驶的，应当由救援车、清障车拖曳、牵引。"

第五章　交通事故处理

哪些情况下，当事人应当保护现场并立即报警？

发生死亡事故、伤人事故的，或者发生财产损失事故且有下列情形之一的，当事人应当保护现场并立即报警：

（一）驾驶人无有效机动车驾驶证或者驾驶的机动车与驾驶证载明的准驾车型不符的；

（二）驾驶人有饮酒、服用国家管制的精神药品或者麻醉药品嫌疑的；

（三）驾驶人有从事校车业务或者旅客运输，严重超过额定乘员载客，或者严重超过规定时速行驶嫌疑的；

（四）机动车无号牌或者使用伪造、变造的号牌的；

（五）当事人不能自行移动车辆的；

（六）一方当事人离开现场的；

（七）有证据证明事故是由一方故意造成的。

11. 公安机关及其交通管理部门接到报警后，受理时应当注意什么？

公安机关及其交通管理部门接到报警的，应当受理，制作受案登记表并记录下列内容：

（一）报警方式、时间，报警人姓名、联系方式，电话报警的，还应当记录报警电话；

（二）发生或者发现道路交通事故的时间、地点；

（三）人员伤亡情况；

（四）车辆类型、车辆号牌号码，是否载有危险物品以及危险物品的种类、是否发生泄漏等；

（五）涉嫌交通肇事逃逸的，还应当询问并记录肇事车辆的车型、颜色、特征及其逃逸方向、逃逸驾驶人的体貌特征等有关情况。

报警人不报姓名的，应当记录在案。报警人不愿意公开姓名的，应当为其保密。

12. 交通事故不同情形下收集证据的重点有何不同？

（1）饮酒驾车的证据

饭店服务员的证词；同案人证词、结算单；饮酒后驾车；出事后现场驾车人满嘴酒气，全身醉意。询问材料确认饮酒；酒精检验报告、结论。

（2）制动失效的证据

出车前动力不足现象；现场照片、现场勘查图、现场记录；出事地点证言；路面车辆行驶轨道；汽车与人体接触痕迹；车辆技术鉴定结论。

（3）超载行驶的证据

行驶证核定吨位；拉货的发票；货物计算；司机谈话材料；出事后车重过磅单。

（4）超速行驶的证据

路段时速标志；车辆超速询问记录；刹车印道计算；车辆受损情况；车速鉴定。

（5）雨刷器失效的证据

法律规定雨刷器必须完好有效；在雨中行驶失效；证人证言；司机谈话材料；车辆检验记录；车辆技术鉴定结论。

（6）逆行的证据

常规规定；现场照片；现场勘查记录；现场图；双方证词。

（7）丁字路口汽车临近突然左拐的证据

双方行驶路线；汽车司机口供；三轮车、家人或知情人证词；目击者证词；现场丈量尺寸；车、人体痕迹及地面刹车印、挫印。

13. 举证责任应如何分配？

（1）机动车与非机动车、行人发生交通事故时

机动车一方承担举证责任的事实有：本方没有过错；非机动车、行人一方存在过失或故意；本方的损害事实；本方的损害事实与非机动车、行人一方的行为有因果关系。

非机动车、行人一方要证明的事实有：本方的损害事实；本方的损害事实与非机动车、行人一方的行为有因果关系。

（2）机动车之间、非机动车之间、非机动车与行人之间发生交通事故时

原告承担举证责任的事实：本方的损害事实；被告的过错；被告的过错与本方的损害有因果关系。

被告如果认为原告应当对本方的损失承担民事赔偿责任，需要证明的事实有：本方的损害事实；原告的过错；原告的过错与本方的损害有因果关系。

14 发生交通事故后如何自我取证？

发生事故后，一定要尽快冷静下来，为最大限度维护自己的合法利益，一般从以下几个方面收集证据。

(1) 寻找人证

如果行人存在未走人行横道、闯红灯或横穿马路等违法现象，一定寻找看到事故发生情形的现场目击者，并留下目击者的姓名、联系电话等信息。

(2) 在地面标出行人的位置

用粉笔或其他工具大概画出伤者倒地的位置及方向等，如果伤者确为闯红灯或未走人行横道，办案民警在勘查事故现场时就可以根据其倒地的位置及其他散落物等推算出来。

(3) 多提供事故的细节信息

接受办案民警的询问时，要尽可能多地提供事故发生的细节，如事故发生时间、地点、行车方向、红绿灯状况等。

15 发生交通事故，车辆驾驶人该怎么办？

根据《道路交通安全法》（2021年修正）第七十条规定，发生交通事故后当事人的法定义务包括：（1）车辆驾驶人应当立即停车，保护现场；（2）有人身伤亡的，应当立即抢救受伤人员，并迅速报告执勤的交通警察或者公安机关交通管理部门。因抢救受伤人员变动现场的，应当标明位置。

16 事故发生时没有报警，事后报案，公安机关交通管理部门会如何处理？

公安机关交通管理部门应当予以记录，并在三日内决定是否受理。经核查交通事故事实存在的，公安机关交通管理部门应当受理，并告知当事人；经核查无法证明交通事故事实存在，或者不属于公安机关交通管理部门管辖的，应当书面告知当事人，并说明理由。

《道路交通事故处理程序规定》（2017年修订）第十八条规定，"发生道路交通事故后当事人未报警，在事故现场撤除后，当事人又报警请求公安机关交通管理部门处理的，公安机关交通管理部门应当按照本规定第十六条规定的记录内容予以记录，并在三日内作出是否接受案件的决定。

"经核查道路交通事故事实存在的，公安机关交通管理部门应当受理，制作受案登记表；经核查无法证明道路交通事故事实存在，或者不属于公安机关交通管理部门管辖的，应当书面告知当事人，并说明理由。"

17 当事人对交通事故事实无争议,应当如何处理?

根据《中华人民共和国道路交通安全法实施条例》(以下简称《道路交通安全法实施条例》)(2017年修订)第八十六条、八十七条规定,当事人对交通事故的事实及成因无争议的,应当在记录交通事故的时间地点、对方当事人的姓名和联系方式、机动车牌号、驾驶证号、保险凭证号、碰撞部位,并共同签名后,撤离现场,自行协商损害赔偿事宜。

《道路交通安全法实施条例》(2017年修订)第八十六条规定,"机动车与机动车、机动车与非机动车在道路上发生未造成人身伤亡的交通事故,当事人对事实及成因无争议的,在记录交通事故的时间、地点、对方当事人的姓名和联系方式、机动车牌号、驾驶证号、保险凭证号、碰撞部位,并共同签名后,撤离现场,自行协商损害赔偿事宜。当事人对交通事故事实及成因有争议的,应当迅速报警。"

《道路交通安全法实施条例》(2017年修订)第八十七条规定,"非机动车与非机动车或者行人在道路上发生交通事故,未造成人身伤亡,且基本事实及成因清楚的,当事人应当先撤离现场,再自行协商处理损害赔偿事宜。当事人对交通事故事实及成因有争议的,应当迅速报警。"

当事人对交通事故事实有争议应当如何处理?

根据《道路交通安全法实施条例》(2017年修订)第八十六条和第八十七条规定,当事人对交通事故事实有争议的,应当保护现场,立即报警等候交通警察处理,同时必须做好自身安全维护。

19 交通警察对现场勘查完毕后,当事人应当在事故现场图上签字吗?

交通事故现场图是交通警察对事故现场的记录,交通警察要求当事人签字确认时,当事人首先要核对现场图与事故现场是否一致,对不清楚的地方可以要求交通警察解释,如果认为现场图与事故现场不一致,可以要求交通警察进行复核,对于复核无误的,当事人应当在现场图上签字确认。

如果当事人无理由拒绝签字,交通警察可以在现场图上记录当事人拒绝签字,现场图依然有证据效力。

 20 发生轻微交通事故,当事人该怎么处理?

当事人应填写交通事故发生的时间、地点、天气、当事人姓名、机动车驾驶证号、联系方式、机动车牌号、保险凭证号、交通事故形态、碰撞部位、赔偿责任人等内容的协议书或者文字记录,共同签名后立即撤离现场,协商赔偿数额和赔偿方式。当事人均已办理机动车责任强制保险的,可以根据事故情况的协议书向保险公司索赔,也可以自行协商处理损害赔偿事宜。

21 对造成人身伤亡的交通事故,该怎么办?

根据《道路交通安全法》(2021年修正)第七十条规定,"交通事故造成人身伤亡的,车辆驾驶人应当立即抢救受伤人员,并迅速报告执勤的交通警察。因抢救受伤人员变动现场的，应当标明位置。乘车人、过往车辆驾驶人、过往行人应当予以协助。"

22 发生逃逸事故后，事故现场目击人和其他知情人员应当怎么办？

根据《道路交通安全法》（2021年修正）第七十一条规定，"车辆发生交通事后逃逸的，事故现场目击人和其他知情人员应向公安机关交通管理部门或交通警察举报。举报属实的，公安机关交通管理部门应当给予奖励。"

23 遭遇道路交通逃逸事故怎么办？

如果交通事故发生后，司机或当事人驾车逃离现场，要及时将车牌号、车型、车辆颜色、装载物及有关特征和驶离方向记清楚，立即拨打"122"报警电话报警，以便公安机关追缉、堵截。现场遗有肇事车辆脱落物（如油漆、玻璃、塑料碎片）的，应当予以妥善保管。

24 哪些交通事故能"私了"？

根据《道路交通安全法》（2021年修正）第七十条规定，"在道路上发生交通事故，未造成人身伤亡，当事人对事实及成因无争议的，可以即行撤离现场，恢复交通，自行协商处理损害赔偿事宜；不即行撤离现场，应当迅速报告执勤的交通警察或者公安机关交通管理部门。 在道路上发生交通事故，仅造成轻微财产损失，并且基本事实清楚的，当事人应当先撤离现场再进行协商处理。"

在道路上发生交通事故，未造成重大人身伤亡，当事人对事故事实及成因无争议的，可以自行协商解决损害赔偿事宜，即自行撤离现场，恢复交通。这就意味着，一些小的交通事故可以由双方当事人协商"私了"，而不必通过公安机关交通管理部门处理。

25 "私了"后应当注意哪些事项？专业伤残鉴定前达成的调解协议，受害者是否可以基于鉴定后的严重程度要求再赔偿？

事故发生后，双方当事人驾驶员应主动出示驾驶证，对事故事实及成因无争议的，填写《当事人自行解决交通事故协议书》中"事故事实"以上部分，记录下事故的时间、地点、当事人姓名及联系方式、机动车牌号、驾驶证号、保险凭证号、碰撞部位等重要信息，并共同签名，双方各执一份。

"私了"本质上属于事故当事人在法律允许的范围内自行协商赔偿事宜，当事人就损害赔偿达成协议的，按赔偿协议，办理赔偿事宜。如果当事人对事实部分没有异议，但对损害赔偿无法达成协议的，可就争议到法院提起民事诉讼。

对法律允许的"私了"的交通事故，双方当事人达成协议，该协议视为公安机关交通管理部门的责任认定书、调解书，可作为交通事故车辆的保险索赔证明。但是，对于不属于法律允许的"私了"范围的交通事故，双方的"私了"协议不能作为索赔的依据。即协议本身必须具有合法性。

➡️ 案例 5-1　陈某某诉陈某、陈某权、魏某机动车交通事故责任纠纷案。

基本案情：2015年9月，被告陈某（事发时系未成年人）驾驶电动自行车搭载其同学顾某某行驶至本案事发路段时，车辆车头前部与行人即本案原告陈某某身体发生碰撞，造成陈某某、陈某、顾某某均倒地受伤及车辆损坏的道路交通事故。

2016年1月，陈某某与陈某在交警大队人民调解工作室的主持下，签订人民调解协议书一份，约定：陈某一次性赔偿陈某某医药费、护理费、营养费等合计人民币84000元。此事故一次性解决，双方今后无涉。

2016年6月，经鉴定，陈某某因此次交通事故致重型颅脑损伤遗留中度精神障碍，日常生活能力明显受限，构成五级伤残；目前存在部分护理依赖，需长期设置护理。后陈某某将陈某及其父母起诉至法院，要求三被告赔偿其因此次事故造成的各项损失120余万元。

法院审理认为：公民的生命健康权依法受到保护，侵害公民的身体健康应当承担相应赔偿责任。经查，此次事故造成原告陈某某各项损失共计834402.46元。案涉调解协议虽系原、被告各方自愿签订，但协议约定的84000元一次性解决方式系原告在委托伤残鉴定前达成，与原告实际损害结果相距甚远，显失公平，现陈某某要求依据自己的实际损失进行赔偿，应予支持。

律师指引：一般而言，具有完全民事行为能力的当事人经过平等协商自愿达成的赔偿协议，在内容不违反法律法规强制性规定、不损害国家和公共利益的基础上，该赔偿协议应当受法律保护，即便该赔偿协议中的赔偿数额与实际损失有所出入，也是当事人对自己民事实体权利的处分，根据诚实信用原则，各方当事人均应受到协议内容的约束。但在交通事故发生后、专业伤残鉴定前，当事人因不具备专业知识，往往无法对伤者的伤残程度、医药费数额、保险公司报销理赔范围等情况做出准确判断，如果仅凭自身对当时伤情、事故责任的主观判断就草率达成赔偿协议，很可能会损害协议一方的利益。针对本案这种调解协议中约定的赔偿数额与受害致残一方的实际损失相差十倍之多、显失公平的情况，受害人根据伤残鉴定结果要求变更双方的协议，对赔偿范围和数额进行调整的，人民法院从公平、公正以及保护残疾人合法权益的角度出发，应当予以变更。

26 选择"私了"的，如何履行道路交通事故损害赔偿？

当事人自行协商达成协议的，可以按照下列方式履行道路交通事故损害赔偿：

（一）当事人自行赔偿；

（二）到投保的保险公司或者道路交通事故保险理赔服务场所办理损害赔偿事宜。

当事人自行协商达成协议后未履行的，可以申请人民调解委员会调解或者向人民法院提起民事诉讼。

哪些交通事故不能"私了"？

如果双方当事人对事故事实、发生事故的原因有争议，或者造成人员伤亡的，就应该立即报警。《道路交通事故处理程序规定》（2017年修订）第十三条规定，发生死亡事故、伤人事故的，或者发生财产损失事故且有下列情形之一的，当事人应当保护现场并立即报警：

（一）驾驶人无有效机动车驾驶证或者驾驶的机动车与驾驶证载明的准驾车型不符的；

（二）驾驶人有饮酒、服用国家管制的精神药品或者麻醉药品嫌疑的；

（三）驾驶人有从事校车业务或者旅客运输，严重超过额定乘员载客，或者严重超过规定时速行驶嫌疑的；

（四）机动车无号牌或者使用伪造、变造的号牌的；

（五）当事人不能自行移动车辆的；

（六）一方当事人离开现场的；

（七）有证据证明事故是由一方故意造成的。

驾驶人必须在确保安全的原则下，立即组织车上人员疏散到路外安全地点，避免发生次生事故。驾驶人已因道路交通事故死亡或者受伤无法行动的，车上其他人员应当自行组织疏散。

 调解什么时候开始？

调解的开始时间有以下四种情况：（1）造成人员死亡的，从规定的办理丧葬事宜时间结束之日起；（2）造成人员受伤的，从治疗终结之日起；

（3）因伤致残的，从定残之日起；（4）造成财产损失的，从确定损失之日起。

 调解要持续多长时间？

调解时间的约定。公安机关交通管理部门应当与当事人约定调解的时间，并于调解 3 日前通知当事人。调解参加人因故不能按期参加调解的，应当在预定调解时间 1 日前通知承办的交通警察，请求变更调解时间。

调解的终结时间。从开始之日起十日内，公安机关交通管理部门应当制作道路交通事故损害赔偿调解书或者道路交通事故损害赔偿调解终结书。

 调解由哪些人参加？

参加调解的人员主要包括以下三种：(1) 交通事故当事人及其代理人；(2) 交通事故车辆所有人或管理人；(3) 公安机关交通管理部门认为有必要参加的其他人员。参加调解时当事人一方不得超过 3 人。

 调解的结果有几种？

调解的结果有两种：经调解达成协议的，公安机关交通管理部门应当当场制作道路交通事故损害赔偿调解书，由各方当事人签字，分别送达各方当事人。经调解未达成协议的，公安机关交通管理部门应当终止调解，制作道路交通事故损害赔偿调解终结书，送达各方当事人。

 调解的结果有强制性吗？

调解没有强制性，当事人不履行调解协议的，另一方当事人可以向法院起诉。调解也不是道路交通事故处理的必经程序。

 交通事故案件由哪家法院管辖？

根据《中华人民共和国民事诉讼法》（2021年修正）（以下简称《民事诉讼法》）第二十九条规定，"因侵权行为提起的诉讼，由侵权行为地或被告住所地人民法院管辖。"所以，交通事故案件不仅仅交通事故发生地法院可以管辖，被告住所地法院也有权管辖。

 交通事故的诉讼时效有什么特殊性？

根据《中华人民共和国民法典》（以下简称《民法典》）规定，交通事故致身体受伤、残疾或死亡的，适用特殊诉讼时效的计算，即其民事诉讼的时效为1年。交通事故造成财产损失的，其民事诉讼的时效为3年。既有人身伤害又有财产损失的，诉讼时效分别计算。从交通事故调解终结后第2天开始计算，可以不经调解直接起诉。

"道路"以外发生交通事故如何处理？

最早关于"道路"一词的法律规定，具体可以追溯到1988年公布施行的原《道路交通管理条例》(已失效)的第二条——"本条例所称的道路，是指公路、城市街道和胡同(里巷)，以及公共广场、公共停车场等供车辆、行人通行的地方。"

但实践中，随着社会车辆、行人经常借道通行单位管辖的公共区域的范围，在该路段发生人车相撞的事故越来越多，当事人常报警要求交通管理部门出警认定事故责任，以便于事故的后续处理。但受《条例》限制，对在这些路段驾驶交通工具发生的事故不能认定为交通事故，相关保险公司也不愿意承担赔付责任，致使肇事者和受害者的权益均难以得到有效保障。因此，《条例》关于"道路"的规定越来越不符合实践中不断出现的新情况。

有鉴于此，《道路交通安全法》(2004年)对"道路"一词的含义进行了扩张解释，此扩张解释在2021年法律修改中被保留。《道路交通安全法》(2021年修正)第一百一十九条第一款规定，"道路"，是指公路、城市道路和虽在单位管辖范围但允许社会机动车通行的地方，包括广场、公共停车场等用于公众通行的场所。

这样，在实践中出现的新情况也被纳入到法律的规制中，最终可以有效维护肇事者和受害者的合法权益。

36 如何确定有管辖权的法院？

县级以上公安机关交通管理部门负责处理所管辖区域或道路内发生的交通事故。对交通事故发生地不明的，最先发现或最先接到报警的公安机关交通管理部门应当先行救助受伤人员，进行现场前期处理。管辖确定后，由有管辖权的公安机关交通管理部门处理。

交通事故案件是典型的侵权案件，《民事诉讼法》（2021年修正）第二十九条规定，"因侵权行为提起的诉讼，由侵权行为地或被告住所地人民法院管辖。"所以，交通事故案件不仅是交通事故发生地的人民法院可以管辖，被告住所地人民法院也有权管辖。

37 对事后报警的，公安机关交通管理部门该如何处理？

当事人未在交通事故现场报警，事后请求公安机关交通管理部门处理的，当事人应当在提出请求后10日内向公安机关交通管理部门提供交通事故的证据。公安机关交通管理部门自接到当事人提供的交通事故证据材料之日起对交通事故进行调查。当事人未提供证据的，公安机关交通管理部门因现场变动、证据灭失，无法查证交通事故事实的，应当书面通知当事人向人民法院提起民事诉讼。

38 如何处理车损人伤的交通事故？

发生车损人伤的交通事故后，公安机关交通管理部门一般会提醒肇事车辆注意以下事项：(1) 驾驶人员应如实陈述事故发生的完整过程；(2) 提供伤者身份证明及县级以上人民医院出具的诊断证明；(3) 定期内向公安机关交通管理部门反馈伤者的治疗及康复情况；(4) 治愈出院后，凭出院证明办理法医检验委托书；(5) 凭医院结账单据、出院证明书、司法鉴定书等办理结案手续。

伤者需要注意的事项：(1) 提供当事人的委托书及委托人、受托人身份证复印件；(2) 提供单位收入证明、护理证明、交通费用单据、护理费发票等材料；(3) 经鉴定伤残（属一级至五级）的，需户籍所在地派出所办理供养证明并加盖公章，并提供被抚养人身份证明、户口簿等；(4) 被抚养人当中如有丧失劳动能力或残疾者，须提供县级以上医院证明或残疾证等材料。

 39 如何调查特别重大的交通事故？

特别重大事故是指，造成特别重大人身伤亡或者巨大经济损失以及性质特别严重、产生重大影响的事故。

特大事故发生单位在事故发生后，应当做到：立即将事故情况报告上级管理部门和当地政府，并报告所在地的省级政府和国务院管理部门。24 小时内写出事故报告，报上述部门。特大事故报告应当包括以下内容：事故发生的时间、地点、单位；事故的简要经过、伤亡人数，直接经济损失的初步估计；事故原因的初步判断；事故发生后采取的措施及事故控制情况。

特大事故发生后，按照事故发生单位的隶属关系，由省级政府或国务院管理部门组织成立特大事故调查组，负责事故的调查工作。

40 必须检验体内酒精含量的情况有哪些？

检验车辆驾驶人体内酒精含量，应由交警将车辆驾驶人带至医疗机构抽取血样，检验结果由办案交警书面告知被检验人。按照公安机关交通管理部门的规定，以下八种情况必须检验体内酒精含量：（1）发生交通事故造成人员死亡的；（2）发生交通事故致人重伤的；（3）发生交通事故致伤三人以上的；（4）发生交通事故有恶劣影响的；（5）发生交通事故车辆驾驶人有酒后驾车嫌疑的；（6）发生交通事故一方当事人怀疑或指控另一方当事人饮酒的；（7）发生交通事故车辆驾驶人擅自离开现场并在24小时内返回或被抓获，交警值勤发现车辆驾驶人有饮酒后嫌疑或有醉酒后驾驶自行车、三轮车、电动三轮车、残疾人机动轮椅车等非机动车嫌疑的；（8）对其进行酒精呼吸测试后，车辆驾驶人对测试结果有异议，或测试结果超过醉酒临界值的。

根据《道路交通安全违法行为处理程序规定》（2020年修正）第三十五条 车辆驾驶人有下列情形之一的，应当对其检验体内酒精含量：

（一）对酒精呼气测试等方法测试的酒精含量结果有异议并当场提出的；

（二）涉嫌饮酒驾驶车辆发生交通事故的；

（三）涉嫌醉酒驾驶的；

（四）拒绝配合酒精呼气测试等方法测试的。

交通事故处理的简易程序是如何适用的？

根据《道路交通事故处理程序规定》（2017年修订）第二十三条规定，公安机关交通管理部门对下列交通事故可以采用简易程序处理，但有交通肇事、危险驾驶犯罪嫌疑的除外。

第一，机动车与机动车、非机动车与机动车发生财产损失事故，当事人对事实及成因无争议的，可以自行协商处理损害赔偿事宜。车辆可以移动的，当事人应当在确保安全的原则下对现场拍照或者标划事故车辆现场位置后，立即撤离现场，将车辆移至不妨碍交通的地点，再进行协商。非机动车与非机动车或者行人发生财产损失事故，基本事实及成因清楚的，当事人应当先撤离现场，再协商处理损害赔偿事宜。

第二，对仅造成人员轻微伤或者具有下列情形之一的财产损失事故，公安机关交通管理部门可以适用简易程序处理，但是有交通肇事犯罪嫌疑的除外：（1）发生财产损失事故，当事人对事实或者成因有争议的，以及虽然对事实或者成因无争议，但协商损害赔偿未达成协议的；（2）机动车无号牌、无检验合格标志、无保险标志的；（3）载运爆炸物品、易燃易爆化学物品以及毒害性、放射性、腐蚀性、传染病病源体等危险物品车辆的；（4）碰撞建筑物、公共设施或者其他设施的；（5）驾驶人无有效机动车驾驶证的；（6）驾驶人有饮酒、服用国家管制的精神药品或者麻醉药品嫌疑的；（7）当事人不能自行移动车辆的。

在没有交通肇事犯罪嫌疑且只有财产损失的情况下，适用简易程序的七种情形：（1）当事人对事实或者成因有争议的，或者虽然对事实或者成因无争议，但协商损害赔偿未达成协议的；（2）机动车无号牌、无检验合格标志、无保险标志的；（3）载运爆炸物品、易燃易爆化学物品以及毒害性、放射性、腐蚀性、传染病病原体等危险物品车辆的；（4）碰撞建筑物、公共设施或者其他设施的；（5）驾驶人无有效机动车驾驶证的；（6）驾驶人有饮酒、服用国家管制的精神药品或者麻醉药品嫌疑的；（7）当事人不能自行移动车辆的。

简易程序可以由一名交警处理。

42 简易程序中调解是如何进行的？

当事人共同请求调解的，交警应当当场进行调解，并在道路交通事故认定书上记录调解结果，由当事人签名，交付当事人。有下列情形的，不适用调解，交警可以在道路交通事故认定书上载明有关情况后，将道路交通事故认定书交付当事人：（1）当事人对道路交通事故认定有异议的；（2）当事人拒绝在道路交通事故认定书上签名的；（3）当事人不同意调解的。

43 公安机关交通管理部门调解交通事故损害赔偿的期限为多久？

公安机关交通管理部门调解交通事故损害赔偿的期限为十日。造成人员死亡的，丧葬事宜时间结束之日起开始；造成人员受伤的，从治疗终结之日起开始，因伤致残的，从定残之日起开始；造成财产损失的，从确定损失之日起开始。公安机关交通管理部门应当与当事人约定调解的时间、地点，并于调解时间三日前通知当事人。口头通知的应当记入调解记录。调解参加人因故不能按期参加调解的，应当在预定调解时间一日前通知承办的交警，请求变更调解时间。

44 公安机关交通管理部门拒做出交通事故认定书，该怎么办？

公安机关交通管理部门对已经发生的交通事故拒不作出道路交通事故认定书的，当事人可以向法院起诉，判令公安机关交通管理部门履行职责。公安机关交通管理部门在明知已经发生了交通事故，且在有关当事人再三请求下，拒不作出道路交通事故认定书的行为属于违法不履行职责的行政不作为。依照《最高人民法院关于适用〈中华人民共和国行政诉讼法〉的解释》第一条规定，"公民、法人或者其他组织对行政机关及其工作人员的行政行为不服，依法提起诉讼的，属于人民法院行政诉讼的受案范围。"公安机关交通管理部门对交通事故责任的认定是种具体行政行为，应当属于行政诉讼的受案范围。

45 交通事故认定书的主要内容是什么？

除未查获交通肇事逃逸人、车辆的或者无法查证交通事故事实的以外，交通事故认定书应当载明以下内容：（1）交通事故当事人、车辆、道路和交通环境的基本情况；（2）交通事故的基本事实；（3）交通事故证据及其形成原因的分析；（4）当事人导致交通事故的过错及责任或意外原因。

交通事故认定书应当加盖公安机关交通管理部门交通事故处理专用章，分别送达当事人，并告知当事人申请公安机关交通管理部门调解的期限和直接向法院提起民事诉讼的权利。

46. 公安机关交通管理部门制作交通事故认定书的期限？

公安机关交通管理部门在处理交通事故时，应当按照下列期限制作交通事故认定书：

（1）公安机关交通管理部门对经过勘验、检查现场的交通事故应当自勘验现场之日起十日内制作交通事故认定书；

（2）交通肇事逃逸的，在查获交通肇事逃逸人和车辆后十日内制作交通事故认定书；

（3）对需要进行检验、鉴定的，应当在检验、鉴定或者重新检验、鉴定结果确定后五日内制作交通事故认定书；

（4）未查获交通肇事逃逸人和车辆，交通事故损害赔偿当事人要求出具交通事故认定书的，公安机关交通管理部门可以在接到当事人的书面申请后十日内制作交通事故认定书。

47 交通事故认定书的法律性质是什么？

根据《道路交通安全法》（2021年修正）第七十三条规定，交通事故责任认定书是公安机关交通管理部门根据交通事故现场勘验、检查、调查情况和有关的检验等，制作的技术性结论。事故认定书仅仅属于民事证据之一，具体案件审理中，人民法院依法对认定书的"三性"进行审查。

➡️ 案例 5-2 机动车相撞，交通队未定责情况下的民事赔偿责任确定。

甲驾驶轿车于某桥下由北向东行驶，某出租汽车公司的司机乙驾驶出租车由西向北行驶，出租车左侧前部与甲车辆右侧相接触，两车损坏，甲受伤。公安机关交通管理部门调查后，认定："双方驾车行经有交通信号控制的交叉路口，发生交通事故，经调查不能确认是任何一方当事人的违章行为造成的。"乙的车辆经检验制动器不符合国家安全要求。

《道路交通安全法》（2021年修正）第二十一条规定："驾驶人驾驶机动车上道路行驶前，应当对机动车的安全技术性能进行认真检查；不得驾驶安全设施不全或者机件不符合技术标准等具有安全隐患的机动车。"本案中，乙驾驶的出租车其制动器不符合国家安全要求，因此，在交通管理部门无法确定此次交通事故是由哪一方的违章行为造成的情况下，乙应当承担事故的全部责任。

48. 所有的交通事故都有事故责任认定书吗？

不是。并非所有的交通事故都有事故认定书，比如，当事人自行协商解决的轻微的交通事故，公安机关交通管理部门没有介入，自然没有事故认定书。

49. 没有交通事故责任认定书是否可以向法院起诉？

可以。交通事故认定书仅仅是处理交通事故的证据之一，不是交通事故损害赔偿诉讼的必备证据。如果交通事故发生后，没有交警，但只要当事人能提出充分的证据证明事故发生的基本事实、成因，可以就此确认双方的事故责任。没有交通事故认定书，可以直接向法院起诉。

➡️ **案例 5-3** 交警无法认定事故责任时应如何确定当事人的赔偿责任？

甲驾驶出租车由北向南行至某大桥时，适有乙驾驶中型普通货车由南向北驶来，出租车左前部与中型普通货车左前部接触后出租车失控，前部又与丙驾驶的由南向北驶来的重型自卸货车左前部相接触，造成甲死亡，三车损坏。交警无法对该事故的责任进行认定。

首先，根据《道路交通安全法》（2021年修正）第七十六条第一款，"机动车之间发生交通事故的，由有过错的一方承担赔偿责任；双方都有过错的，按照各自过错的比例分担责任。"本案中，甲逆向行驶，对于该交通事故的发生也有一定的过错,因此应当适当减轻乙、丙的民事赔偿责任。

另外,二人以上没有共同故意或者共同过失,但其分别实施的数个行为间接结合发生同一损害后果的,应当根据过失大小或者原因比例各自承担相应的赔偿责任。本案中,乙驾驶车辆致使交通事故发生,对该事故有一定的过错;丙驾驶车辆与乙的车辆之间未保持安全距离,对加重的损害后果也有一定的过错。但双方没有共同的故意或过失,因此,应当按照各自的过失大小赔偿相应比例。

50 不服公安机关交通管理部门的道路交通事故认定书,该怎么办?

当事人双方任何一方不服公安机关交通管理部门作出的交通事故认定书所认定的结论都无权向上级公安机关交通管理部门申请复议,就只能以对方当事人为被告直接向人民法院提起民事诉讼。根据《全国人民代表大会常务委员会法制工作委员会关于交通事故责任认定行为是否属于具体行政行为,可否纳入行政诉讼受案范围的意见》(2005年),"交通事故责任认定行为不属于具体行政行为,不能向人民法院提起行政诉讼。如果当事人对交通事故认定书牵连的民事赔偿不服的,可以向人民法院提起民事诉讼。"

根据《道路交通事故处理程序规定》(2017年修订)第五十一条规定,如果对公安机关交通管理部门出具的事故认定不服,可以在收到事故认定书之日起三日内向上一级公安机关交通管理部门提出书面复核申请。第五十二条规定,上一级公安机关交通管理部门收到当事人书面复核申请后五日内,应当作出是否受理决定。

51 下班途中发生交通事故,是不是工伤?

工伤保险待遇和交通事故损害赔偿可以并存。《工伤保险条例》(2010年修订)第十四条第六款规定,"职工有下列情形之一的,应当认定为工伤……(六)在上下班途中,受到非本人主要责任的交通事故或者城市轨道交通、客运轮渡、火车事故伤害的。"

52 物流电商平台经营者对网约运输侵权损害,是否该负法律责任?

一般情况下,物流电商平台经营者不需要承担侵权法律责任。但是如果物流电商平台经营者未对加入平台的司机尽资质资格审查等必要的义务,需要承担补充的侵权责任。

▶▶ **案例 5-4** 王某诉深圳 H 科技有限公司等机动车交通事故责任纠纷案。

基本案情:张某州通过手机 APP 下单,从广州运送货物到深圳,某物流电商平台公司接单后指派黄某建驾驶小型车承运。运输途中发生单方道路交通事故,造成王某受伤并被实施开颅手术。交警认定黄某建未按操作规范安全驾驶负事故全部责任。王某诉请黄某建赔偿阶段性医疗费用,某物流电商平台公司承担连带责任，联合财保承担保险理赔责任。

二审法院审理认为： 某物流电商平台公司作为专业物流电商平台经营者，理应清楚承接货运业务的车辆和司机需取得营运资质条件，相关营运资质不仅涉及行政管理，亦涉及承运能力条件问题，但该物流电商平台公司未审查黄某建是否具备营运资质即允许其成为平台注册司机从事货运业务，且该物流电商平台未向平台用户报告黄某建欠缺营运资质的信息，其相关行为有违《民法典》规定的诚信居间和报告义务。由于该物流电商平台公司向张某州提供信息为无偿信息，加之，本案交通事故发生系因黄某建未按操作规范安全驾驶所致，该物流电商平台公司有违诚信居间和报告义务以及未尽资质资格审查义务并非案涉交通事故发生的直接原因，故酌定该物流电商平台公司对黄某建不能清偿义务的50%部分承担补充责任。

律师指引：（1）物流电商平台经营者仅为平台注册司机（承运人）与平台用户（托运人）货运交易提供货运供需信息和交易撮合媒介居间服务，未实质参与网约货运协议签订与履行，其与货运交易双方构成居间合同关系。

（2）物流电商平台经营者对平台注册司机仅就运营证照等不直接影响消费者生命健康安全的非基本资质资格疏于审查，应根据其审查过错对损害结果发生原因力大小等因素判定其承担适当比例的补充责任。

53. 交通事故受害人的急救费用怎么支付？

根据《道路交通安全法》（2021年修正）第七十五条规定，医疗机构交通事故中的受伤人员应当及时抢救，不得因抢救费用未及时支付而拖延救治。肇事车辆参加机动车第三者责任强制保险的，由保险公司在责任限额范围内支付抢救费用；抢救费用超过责任限额的，未参加机动车第三者责任强制保险或者肇事后逃逸的，由道路交通事故社会救助基金先行垫付部分或者全部抢救费用，道路交通事故社会救助基金管理机构有权向交通事故责任人追偿。

54. 投保车辆撞伤他人，是由保险公司赔付吗？

车主可以同时投保交通事故责任强制险（简称"交强险"）和商业性第三者责任险。如果车主投了保险，保险公司就应当按照限额代替车主向受害人承担经济赔偿责任。

55. 机动车驾驶人全责，保险公司还赔付吗？

根据《道路交通安全法》（2021年修正）第七十六条规定，机动车发生交通事故造成人身伤亡、财产损失的，由保险公司在机动车第三者责任强制保险责任限额范围内予以赔偿；不足的部分，按照下列规定承担赔偿责任。

（1）机动车之间发生交通事故的，由有过错的一方承担赔偿责任；

双方都有过错的,按照各自过错的比例分担责任。

(2)机动车与非机动车驾驶人、行人之间发生交通事故,非机动车驾驶人、行人没有过错的,由机动车一方承担赔偿责任;有证据证明非机动车驾驶人、行人有过错的,根据过错程度适当减轻机动车一方的赔偿责任;机动车一方没有过错的,承担不超过百分之十的赔偿责任。

交通事故的损失是由非机动车驾驶人、行人故意碰撞机动车造成的,机动车一方不承担赔偿责任。因此即使机动车驾驶人承担全部责任,保险公司还要在责任限额内向受害人赔付。

交通事故责任强制保险(简称"交强险")的责任限额是多少?

交强险责任限额分为被保险机动车在道路交通事故中有责任的赔偿限额和无责任的赔偿限额,根据中国银保监会关于调整交强险责任限额和费率浮动系数的公告(2020年),数额具体为以下几种。

(1)被保险机动车在道路交通事故中有责任的赔偿限额。

死亡伤残赔偿限额:180,000元人民币。

医疗费用赔偿限额:18,000元人民币。

财产损失赔偿限额:2000元人民币。

(2)被保险机动车在道路交通事故中无责任的赔偿限额。

死亡伤残赔偿限额:18,000元人民币。

保疗费用赔偿限额:1800元人民币。

财产损失赔偿限额:100元人民币。

无责的赔偿限额分别按照以上三项限额的10%计算。

根据银保监会有关人士的解释，交强险实行的20万元总责任限额方案综合考虑了赔偿覆盖面和消费者支付能力。交强险责任限额过低，将起不到保障作用，而责任限额过高将导致费率大幅度上涨，使消费者难以承受。根据数据分析，在20万元总责任限额下可以解决大部分交通事故的赔偿问题。

交强险的目的是为交通事故受害人提供基本的保障。交通事故受害人获得赔偿的渠道是多样的，交强险只是最基本的渠道之一。交强险实行20万元的总责任限额，并不是说交通事故受害人从所有渠道最多只能得到20万元赔偿。除交强险外，受害人还可通过其他方式得到赔偿，如从商业三者险、人身意外保险、健康保险等均可获得赔偿。除此之外，交通事故受害人还可根据受害程度通过法律手段要求致害人给予更高的赔偿。

机动车所有人或管理人在购买交强险后，还可根据自身的支付能力和保障需求，在交强险基础之上同时购买商业三者险作为补充。

57 以家庭自用名义投保的车辆从事网约车营运活动，发生交通事故后保险公司是否赔偿？

根据《中华人民共和国保险法》（2015年修正）第五十二条规定，在合同有效期内，保险标的的危险程度显著增加的，被保险人应当按照合同约定及时通知保险人，保险人可以按照合同约定增加保险费或者解除合同。保险人解除合同的，应当将已收取的保险费，按照合同约定扣除自保险责任开始之日起至合同解除之日止应收的部分后，退还投保人。

被保险人未履行前款规定的通知义务的，因保险标的的危险程度显著增加而发生的保险事故,保险人不承担赔偿保险金的责任。

因此,投保人用家用车拉黑活,擅自改变车辆的用途,使车辆的危险程度增加,没有对保险公司履行如何告知的义务,保险公司有权拒赔。

➡ 案例5-5 程某诉张某机动车交通事故责任纠纷案。

基本案情: 2015年6月,被告张某通过打车软件接到网约车订单一份……在右转弯过程中,遇原告程某驾驶电动自行车,两车碰撞,致程某受伤、车辆损坏。被告张某驾驶的轿车行驶证上的使用性质为"非营运"。2015年3月,张某在被告人保A分公司为该车投保了交强险、保额为100万的商业三者险,保险期间为2015年3月28日起至2016年3月27日止。保单上的使用性质为"家庭自用汽车"。

法院审理: 关于被告人保A分公司是否应当在商业三者险内赔偿的问题,保险合同是双务合同,保险费与保险赔偿金为对价关系,保险人依据投保人告知的情况,评估危险程度而决定是否承保以及收取多少保险费。保险合同订立后,如果危险程度显著增加,保险事故发生的概率超过了保险人在订立保险合同时对事故发生的合理预估,如果仍然按照之前保险合同的约定要求保险人承担保险责任,对保险人显失公平。张某未履行通知义务,且其营运行为导致了本次交通事故的发生,人保A分公司在商业三者险内不负赔偿责任。

律师指引: 在合同有效期内,保险标的的危险程度显著增加的,被保险人应当及时通知保险人,保险人可以增加保险费或者解除合同。被保险人未作通知,因保险标的的危险程度显著增加而发生的保险事故,保险人不承担赔偿责任。以家庭自用名义投保的车辆从事网约车营运活动，显著增加了车辆的危险程度，被保险人应当及时通知保险公司。被保险人未作通知，因从事网约车营运发生的交通事故，保险公司可以在商业三者险范围内免赔。

58. 网络平台配送员调度私家车进行运营而发生交通事故，责任该由谁承担？

➡️ **案例5-6** 郑某红诉赵某通等机动车交通事故责任纠纷案。

基本案情： 2016年8月，原告郑某红和朋友郑某毅用手机拨打被告陈某莲（配送员）经营的出租车调度平台电话3800000，联系漳浦到漳州市区的出租车，被告赵某通按照3800000平台调度指示驾驶轿车到郑某毅家附近接郑某红和郑某毅上车。同日15时45分，赵某通驾驶小型轿车（车上乘员郑某红等4人），与前方由被告梁某军（系被告胡某雇员）驾驶的重型自卸货车于路右慢车道发生碰撞，致赵某通及车上乘员郑某红等4人受伤。公安机关交通管理部门认定梁某军负本事故的次要责任，赵某通负本事故的主要责任，车上乘员郑某红等4人无责任。重型自卸货车向被告A保险公司投保了机动车交通事故责任强制保险和限额为150万元的商业三者险，小型轿车向被告B保险公司投保了车上人员责任险，事故发生均在保险期间内。

一审法院审理认为： 本案的各方当事人对事故的责任认定无异议，应作为定案的依据，赵某通负事故主要责任，承担本案损失的70%，梁某军负事故次要责任，承担本案损失的30%。梁某军系本案交通事故的直接侵权责任人，因属在履行职务过程中发生交通事故，本应由其承担的赔偿责任转由雇主胡某承担，重型自卸货车向A保险公司投保了机动车交通事故责任强制保险和商业三者险，且事故发生在保险期限内，A保险公司应在承保的限额内，对投保人胡某应负的损失数额承担赔偿责任；赵某通系本案交通事故的直接侵权责任人，依法应承担赔偿责任，陈某莲系肇事车辆运行利益的受益者，依法应承担相应赔偿责任。综合本案案情，对赵某通在事故中应承担的赔偿责任，酌情由赵某通承担80%，由陈某莲承担20%。小型轿车肇事前已改变车辆的使用性质，B保险公司依法应免责。

二审法院驳回上诉，维持原判。

律师指引：网络平台配送员调度没有运营资质的私家车进行运营发生交通事故，网络平台配送员陈某莲是否担责是本案争议的主要焦点问题之一。本案中，陈某莲作为（配送员）为赵某通提供客源，赵某通驾驶小型轿车是私家车，不具有营运资格。根据收益与风险相一致的要求，从事经营活动或者社会活动的人，一般都以从中谋取利益为目的，对其课以相应的安全保障义务是合理的。赵某通是本案交通事故的直接侵权责任人，依法应承担赔偿责任，陈某莲调度没有营运资质的私家车进行运营并受益依法应当承担过错责任。综合本案案情及赵某通、陈某莲的过错情况，酌情判决由赵某通承担80%、由陈某莲承担20%的赔偿责任并无不当，一、二审裁判正确。

59. 同时投保"交强险"和商业三者险,发生交通事故的理赔顺序是什么?

在交强险实施后,机动车除了投保交强险外,还可以投保商业三者险。根据《民法典》第一千二百一十三条规定,机动车发生交通事故造成损害,属于该机动车一方责任的,先由承保机动车强制保险的保险人在强制保险责任限额范围内予以赔偿;不足部分,由承保机动车商业保险的保险人按照保险合同的约定予以赔偿;仍然不足或者没有投保机动车商业保险的,由侵权人赔偿。

发生交通事故后,承保交强险的保险公司先行赔付第三者的人身和经济损失,不足的部分,如果当事人还投保了商业三者险,由承保公司就余额中不超过责任限额的部分按照当事人应承担的民事赔偿比例赔付。

被保险人按事故责任比例应付的赔偿金额在减去交强险赔偿限额后低于三者险赔偿限额时,赔偿额计算公式为:赔款 =(第三者的人身和财产总损失额交强险限额)× 责任比例 ×(1- 事故责任免赔率)×(1- 绝对免赔率)。

当被保险人按事故责任比例在减去交强险赔偿限额后应付的赔偿金额超过赔偿限额时,公式为:

赔款 = 赔偿限额 ×(1- 事故责任免赔率)×(1- 绝对免赔率)

机动车所有人投保交通事故责任强制保险后,可再投保商业三者险,以确保自己的赔付能力。

60. 车辆损失险如何理赔？

车辆损失险是被保险人或其允许的合格驾驶员因碰撞、倾覆、火灾、爆炸等非免赔事项造成保险车辆的损失，保险人负责赔偿的一种商业保险。该险种在发生交通事故情况下赔偿的前提是被保险人或其允许的合格驾驶员对事故的发生负有责任，保险公司按照其责任比例，在赔偿限额内减去免赔额理赔。其典型的保险条款为"保险人依据保险车辆驾驶员在事故中所负责任比例，相应承担赔偿责任"。而理赔的顺序是"事故——定损——修理（付修理款）——理赔"，即发生交通事故后，被保险人应当及时通知保险公司，索赔时向保险人提供保险单、事故证明、事故责任认定书、损失清单和有关费用单据。如经公安机关交通管理部门调解的，还应当提供相关事故调解书，如经法院判决、调解的，还应当提供民事判决书、调解书。保险公司根据上述单证确定被保险人的损失和保险公司的赔付额，如果车辆能够修理的，在保险公司指定并经投保人认可的修车点进行修理，保险公司支付其在赔付限额内的修理费用，如果无法修理，保险公司才予以赔付。

61. 保险人应当预见被保险车辆使用性质的改变会导致危险程度增加时，保险人是否应该承担法律责任？

应当承担赔偿责任。保险标的危险程度虽然增加，但增加的危险属于保险合同订立时保险人预见或者应当预见的保险合同承保范围的，不构成危险程度显著增加。保险人的拒赔理由不成立，其不能以投保人未履行如实告知义务为由拒绝承担保险责任,其应当依照《中华人民共和国保险法》(2015年修正)第十六条的规定承担赔偿责任。

案例 5-7 高某等诉吴某等机动车交通事故责任纠纷案。

基本案情: 2020年6月,被告吴某驾驶湘EXXXXX小型客车与由原告杜某驾驶搭乘廖某的二轮电动车两车相撞,造成两车受损,廖某受伤后经医院抢救无效死亡。

被告吴某系某旅行社有限公司(经营范围包括"国内旅游业务"等)的法定代表人。湘EXXXXX小型客车系被告吴某所有,湘EXXXXX小型客车行驶证上的注册日期和发证日期均为2018年2月。被告吴某于2018年的夏天,在XX县XX广告公司将小型客车车身喷刷了"XX旅行社德行天下"的字样。

2020年4月,被告吴某通过保险代理人向B财产保险股份有限公司投保了交强险、商业三者险100万元、车损险等(附加不计免赔率险),保险期间自2020年4月7日至2021年4月6日。B财产保险股份有限公司提供的《机动车商业保险/机动车交通事故责任强制保险投保单》显示"验车验证情况:已验车"。

2020年9月,B财产保险股份有限公司向被告吴某出具《保险拒赔通知书》,以"被保险机动车被转让、改装、加装或者改变使用性质等,被保险人、受让人未及时通知保险人,且因转让、改装、加装或者改变使用性质等导致被保险机动车危险程度显著增加"为由拒赔。

法院审理认为: 针对保险公司提出的肇事车辆从事非法营运而拒绝赔偿的问题。本院认为商业三者险拒赔的理由不成立,理由如下。

一是，B财产保险股份有限公司没有提供有效证据证明湘EXXXXX小型客车在发生事故时系从事非法营运。

二是，B财产保险股份有限公司在承保、验车时，明知车身上印有"XX旅行社德行天下"的字样，却不向被告吴某询问被保险车辆的使用性质情况，根据《中华人民共和国保险法》（2015年修正）第十六条规定，应当承担赔偿责任。被告吴某在购买车辆后不久便在车身上喷有"XX旅行社德行天下"的字样，B财产保险股份有限公司在承保、验车时，应当认识到这些字样不仅是一种广告，还能表明车辆可能用于旅行社旅游运输的用途。

根据《中华人民共和国保险法》（2015年修正）第十六条规定，"订立保险合同，保险人就保险标的或者被保险人的有关情况提出询问的，投保人应当如实告知。投保人故意或者因重大过失未履行前款规定的如实告知义务，足以影响保险人决定是否同意承保或者提高保险费率的，保险人有权解除合同。前款规定的合同解除权，自保险人知道有解除事由之日起，超过三十日不行使而消灭。自合同成立之日起超过二年的，保险人不得解除合同；发生保险事故的，保险人应当承担赔偿或者给付保险金的责任"。B财产保险股份有限公司明知车身上印有"XX旅行社德行天下"的字样，如果认为被保险车辆可能用于旅行社旅游运输导致危险程度显著增加、足以影响保险人决定是否同意承保或者提高保险费率时，保险人B财产保险股份有限公司应当主动询问投保人即被告吴某，被告吴某面对询问时，应当如实告知。而本案保险人B财产保险股份有限公司没有主动询问，仍以"家庭自用"的使用性质承保，在承保后的三十日内也没有行使合同解除权，却在发生保险事故后以被保险机动车改变使用性质、危险程度显著增加为由拒赔，保险人B财产保险股份有限公司的拒赔理由不成立，其不能以投保人未履行如实告知义务为由拒绝承担保险责任，其应当依照《中华人民共和国保险法》（2015年修正）第十六条规定承担赔偿责任。

三是，《最高人民法院关于适用〈中华人民共和国保险法〉若干问题的解释（四）》第四条规定，人民法院认定保险标的是否构成保险法第四十九条、第五十二条规定的"危险程度显著增加"时，应当综合考虑以下因素：

（1）保险标的用途的改变；

（2）保险标的使用范围的改变；

（3）保险标的所处环境的变化；

（4）保险标的因改装等原因引起的变化；

（5）保险标的使用人或者管理人的改变；

（6）危险程度增加持续的时间；

（7）其他可能导致危险程度显著增加的因素。

保险标的危险程度虽然增加，但增加的危险属于保险合同订立时保险人预见或者应当预见的保险合同承保范围的，不构成危险程度显著增加。

本案保险人B财产保险股份有限公司应当预见被保险车辆使用性质的改变会导致危险程度增加，但是仍然承保，却在发生保险事故后以被保险机动车改变使用性质、危险程度显著增加为由拒赔，根据上述规定，"增加的危险属于保险合同订立时保险人预见或者应当预见的保险合同承保范围的，不构成危险程度显著增加"，保险人B财产保险股份有限公司的拒赔理由不成立。

62. 车卖了，车辆保险该如何处理？

车辆保险合同对于合同变更的规定都有一个几乎相同的条款，就是车辆所有人变更的，应当书面通知保险人办理保险合同的批改手续。一般表述为："在保险期间内，被保险机动车转让他人的，投保人应当书面通知保险人并办理批改手续。"当事人如果没有办理机动车转让的批改手续，即使其他手续齐全，可以证明车辆已经转让，保险公司也有权利拒赔。

63. 索赔金额能超过保险金额吗？

不能。根据《中华人民共和国保险法》（2015年修正）第五十六条第二款规定，重复保险的各保险人赔偿保险金的总和不得超过保险价值。除合同另有约定外，各保险人按照其保险金额与保险金额总和的比例承担赔偿保险金的责任。因此，在投保人对同一保险标的投了多项保险的情况下，索赔金额不能超过保险金额。

第六章 执法监督

公安机关交通管理部门造成暂扣车辆损坏的，车辆所有人该怎么办？

公安机关交通管理部门出于收集证据的需要，暂扣事故车辆是必要的，但应当开具行政强制措施凭证，将车辆移至指定的地点，妥善保管，以备核查。公安机关交通管理部门除检验、鉴定外，不得使用，并应当在检验、鉴定完毕后五日内通知当事人领取事故车辆。如果公安机关交通管理部门使用暂扣车辆给车主造成损失，应当根据《中华人民共和国国家赔偿法》（以下简称《国家赔偿法》）（2012年修正）第四条和《中华人民共和国行政诉讼法》（以下简称《行政诉讼法》）（2017年修正）第六十七条规定，赔偿车主损失。

交警追赶违规车辆发生交通事故，公安机关交通管理部门要承担责任吗？

违规车辆理应主动停车接受检查，驾驶人不停，逃跑，如果造成交通事故，责任理应自行承担。

66 交警执法不当，公安机关交通管理部门要承担赔偿责任吗？

根据我国《国家赔偿法》（2012 年修正）第三条、第六条、第七条、第二十七条和《行政诉讼法》（2017 年修正）第五十四条的相关规定，交警执法行为违法时，公安机关交通管理部门应当向受害人承担国家赔偿责任。

《国家赔偿法》（2012 年修正）第三条规定，行政机关及其工作人员在行使行政职权时有下列侵犯人身权情形之一的，受害人有取得赔偿的权利。

第六条规定，受害的公民、法人和其他组织有权要求赔偿。受害的公民死亡，其继承人和其他有扶养关系的亲属有权要求赔偿。受害的法人或者其他组织终止的，其权利承受人有权要求赔偿。

第七条规定，行政机关及其工作人员行使行政职权侵犯公民、法人和其他组织的合法权益造成损害的，该行政机关为赔偿义务机关。

第二十七条规定，人民法院赔偿委员会处理赔偿请求，采取书面审查的办法。必要时，可以向有关单位和人员调查情况、收集证据。赔偿请求人与赔偿义务机关对损害事实及因果关系有争议的，赔偿委员会可以听取赔偿请求人和赔偿义务机关的陈述和申辩，并可以进行质证。

67 驾驶员按交警的指挥通行，造成交通事故，赔偿责任由谁承担？

如果驾驶员按照交警的指挥通行，造成交通事故，那么由于交警指挥有误，应承担事故的主要责任。驾驶员由于没有尽到高度注意、结果避免的义务，也有过错，也应当承担一定的责任。

第七章　法律责任

 交警在什么情况下可以扣留当事人的机动车驾驶证？

交警认为应当对当事人给予暂扣或者吊销机动车驾驶证处罚的，可以扣留当事人的机动车驾驶证，并开具行政强制措施凭证。可以扣留驾驶证的情形有：（1）饮酒、醉酒后驾驶的；（2）驾驶人把机动车交由未取得驾驶证或驾驶证被吊销、暂扣的人驾驶的；（3）机动车行驶超过规定时速50%的；（4）驾驶拼装的机动车或已达到报废标准的机动车的；（5）在一个记分周期内累积记分达到12分的；（6）使用他人驾驶证的；（7）发生重大交通事故，构成犯罪的。

扣留驾驶证的期限至作出处罚决定为止，但扣留1日折抵暂扣期限1日。

69 交警在什么情况下可以扣留当事人机动车？

因收集证据需要扣留事故车辆和机动车行驶证的，公安机关交通管理部门应当开具行政强制措施凭证，将车辆移至指定的地点，并妥善保管。

70 交警如何处理所扣留机动车上的货物？

公安机关交通管理部门不得扣留事故车辆所载货物。对所载货物在核实质量、体积及货物损失后，通知机动车驾驶人或货物所有人自行处理。当事人不自行处理的，按照《公安机关办理行政案件程序规定》（2020年修正）第一百五十五条、第一百五十六条规定办理。

《公安机关办理行政案件程序规定》（2020年修正）第一百五十五条规定，实施行政处罚时，应当责令违法行为人当场或者限期改正违法行为。

第一百五十六条规定，对违法行为人的同一个违法行为，不得给予两次以上罚款的行政处罚。

71 受害方可以自行扣押肇事车辆吗？

受害方不能因交通事故自行扣押肇事车辆或其他财物。

发生纠纷后，当事人通过自行扣留、夺取对方财物或限制其人身自由来实现自己权利在法律上叫自力救济。只有在少数情况下，如果当事人不及时采取自力救济措施，将使其权利以后无法实现或难以实现，法律才允许当事人采取自救措施。如果受害方任意扣留车辆，除了返还外，还要赔偿对方的相应损失。

交警可以作出哪些处罚？

交警对道路交通安全违法行为的处罚措施有四种，分别是：警告、罚款、暂扣或者吊销机动车驾驶证、拘留。

 ## 饮酒和醉酒的处罚有什么不一样吗？

根据《道路交通安全法》（2021年修正）第九十一条规定，饮酒后驾驶机动车的，处暂扣六个月机动车驾驶证，并处一千元以上二千元以下罚款。因饮酒后驾驶机动车被处罚，再次饮酒后驾驶机动车的，处十日以下拘留，并处一千元以上二千元以下罚款，吊销机动车驾驶证。

醉酒驾驶机动车的，由公安机关交通管理部门约束至酒醒，吊销机动车驾驶证，依法追究刑事责任；五年内不得重新取得机动车驾驶证。

饮酒后驾驶营运机动车的，处十五日拘留，并处五千元罚款，吊销机动车驾驶证，五年内不得重新取得机动车驾驶证。

醉酒驾驶营运机动车的，由公安机关交通管理部门约束至酒醒，吊销机动车驾驶证，依法追究刑事责任；十年内不得重新取得机动车驾驶证，重新取得机动车驾驶证后，不得驾驶营运机动车。

饮酒后或者醉酒驾驶机动车发生重大交通事故，构成犯罪的，依法追究刑事责任，并由公安机关交通管理部门吊销机动车驾驶证，终生不得重新取得机动车驾驶证。

74 交通事故责任的构成条件是什么？

一般民事侵权责任构成需具备以下四个要件：（1）承担责任的主体是自然人或法人，也就是造成交通事故的驾驶员；（2）交通事故当事人主观上有过错，这种过错是一种过失；（3）当事人的驾车有违章行为；（4）肇事人的违章行为与交通事故有因果关系。

以上是一般侵权责任的构成要件，但我国《道路交通安全法》（2021年修正）第七十六条出于对非机动车、行人的特殊保护，并没有严格按照上述责任的构成要件。只要行人受到损害，除非故意违章，一般都会得到充分赔偿。

根据《道路交通安全法》（2021年修正）第七十六条规定，机动车发生交通事故造成人身伤亡、财产损失的，由保险公司在机动车第三者责任强制保险责任限额范围内予以赔偿；不足的部分，按照下列规定承担赔偿责任：(1)机动车之间发生交通事故的，由有过错的一方承担赔偿责任；双方都有过错的，按照各自过错的比例分担责任。

（2）机动车与非机动车驾驶人、行人之间发生交通事故，非机动车驾驶人、行人没有过错的，由机动车一方承担赔偿责任；有证据证明非机动车驾驶人、行人有过错的，根据过错程度适当减轻机动车一方的赔偿责任；机动车一方没有过错的，承担不超过百分之十的赔偿责任。

交通事故的损失是由非机动车驾驶人、行人故意碰撞机动车造成的，机动车一方不承担赔偿责任。

75. 交通事故责任的种类有哪些？

交通事故责任在现实中主要有以下三类。（1）全部责任和无责任。完全由当事人中一方违章造成的事故，由违章者承担全部责任，而与事故无直接因果关系的另一方无责任。（2）主要责任和次要责任。从发生事故的原因力上分析，一方的违章行为对造成事故具有较大的原因力，承担主要责任；另一方的违章行为对事故的发生有较小的原因力，承担次要责任。（3）同等责任。造成交通事故的各方当事人均有违章行为，情节相当，彼此对造成事故的作用力也大体相当，各方负同等责任。

76. 交通事故责任的推定有哪几种情况？

交警在根据现场情况无法认定责任的时候或者有法律的特别规定，才能采用推定的方式确定交通事故的责任。责任推定主要有以下几种情况：（1）当事人逃逸或者故意破坏、伪造现场、毁灭证据，使交通事故责任无法认定的，当事人应负事故的全部责任。（2）当事人一方有条件报案而未报案或未及时报案，使交通事故责任无法认定的，应负全部责任。（3）当事人各方有条件报案而均未报案或均未及时报案的，使交通事故责任无法认定的，若各方处同等程度，如双方均为驾驶机动车的，各负同等责任；若各方处不同等程度，如一方驾驶机动车，另一方驾驶非机动车或步行的，驾驶机动车一方承担主要责任，另一方负次要责任。（4）交通事故当事人未标明位置而移动事故现场的车辆或物品，致使交通事故的责任无法认定的，应当负事故的全部责任。

77 公安机关交通管理部门认定交通事故责任的标准是什么？

公安机关交通管理部门经过调查后，应当根据当事人的行为对交通事故的发生所起的作用以及过错的严重程度，确定当事人的责任。

78 两机动车相撞，责任如何承担？

根据《道路交通安全法》（2021年修正）第七十六条规定，损害赔偿分为两个部分，首先由保险公司赔偿，赔偿额超过保险公司的赔偿责任限额部分，由有过错的方承担赔偿责任；双方都有过错的，按照各自过错的比例分担赔偿责任。由于各种违法行为所涉及的"过错的严重程度"没有在任何法律中作出明确规定，很难达成一致，因此确定当事人责任大小的依据应集中在交通事故当事人的行为"对发生交通事故所起的作用"。过错的程度主要分为：主要责任、同等责任和次要责任。

79 两车相撞，造成一车中的乘客受伤，由谁承担责任？

根据《民法典》第八百二十三条第一款规定，承运人应当对运输过程中旅客的伤亡承担赔偿责任；但是，伤亡是旅客自身健康原因造成的或者承运人证明伤亡是旅客故意、重大过失造成的除外。因此，除特殊情况外，乘客乘坐车时受伤的，车主应当承担责任。

根据《民法典》第一千一百六十八条规定，二人以上共同实施侵权行为，造成他人损害的，应当承担连带责任。两车相撞，受伤乘客也可以要求两车的车主对其损害承担连带赔偿责任。

80. 摩托车路上被绊，由谁承担责任？

用于公共通行的道路属于公共财产，国家指派特定的国家机关或事业单位负责建造、管理和养护公路以使它达到并保持一定的质量和通行状况。如果有关单位未能严格履行职责，致使公共设施符合相关的质量和安全要求，对使用者造成损害，应对受损者承担民事赔偿责任。对此，要注意受害人的伤亡与交通设施不符合安全要求有直接因果关系。

81. 行人横穿马路，被撞谁担责？

非机动车、行人存在过失时适当减轻机动车一方的责任属于过失相抵。《民法典》第一千一百七十三条是其法律依据。该条规定："被侵权人对同一损害的发生或者扩大有过错的，可以减轻侵权人的责任。"行人横穿马路，违反了《道路交通安全法》（2021年修正）第六十一条、第六十二条规定。横穿马路的行人如果被撞，可以适当减轻车辆驾驶人的责任。

《道路交通安全法》（2021年修正）第六十一条规定，行人应当在人行道内行走，没有人行道的靠路边行走。

第六十二条规定，行人通过路口或者横过道路，应当走人行横道或者过街设施；通过有交通信号灯的人行横道，应当按照交通信号灯指示通行；通过没有交通信号灯、人行横道的路口，或者在没有过街设施的路段横过道路，应当在确认安全后通过。

➡ 案例 7-1　行人违反交通规则，机动车一方采取必要措施的，应减轻其赔偿责任。

基本案情：某日甲出行时，在没有了解清楚所走路线是否允许行人通行的情况下，即横穿二环主路的机动车道。该车道属于机动车行驶的专用道路，非机动车及行人不允许通行。甲在行走时，未注意往来的车辆，与乙驾驶的小轿车相撞，以致发生交通事故，并在事故中死亡。

律师指引：本案中，甲的行为违反了我国《道路交通安全法》（2021年修正）中"行人应当在人行道内行走，没有人行道的靠路边行走"的规定，是引发此次交通事故的直接原因。

根据《道路交通安全法》（2021年修正）第七十六条第二款规定，机动车与非机动车驾驶人、行人之间发生交通事故，非机动车驾驶人、行人没有过错的，由机动车一方承担赔偿责任；有证据证明非机动车驾驶人、行人有过错的，根据过错程度适当减轻机动车一方的赔偿责任；机动车一方没有过错的，承担不超过百分之十的赔偿责任。

乙在紧急状态下，采取了一系列诸如刹车、鸣笛、避让等应变措施，基本上达到了"采取必要处置措施"的标准，构成了减轻其应负赔偿责任的条件。但由于其采取措施具有不当之处，对减轻其赔偿责任的比例不宜过大，双方应承担同等责任。

82. 行人在机动车道上打车,受伤谁担责?

机动车驾驶人对受害人承担无过错责任,但行人违反法律、法规的规定,机动车一方已经采取必要处置措施的,减轻机动车一方的责任。行人在机动车道上打车,是违法行为,应减轻机动车一方的责任。

83. 幼童马路上被撞,由谁承担责任?

幼童在车水马龙的大街上玩耍是非常危险的,其父母没有充分认识到这一点,也没有采取必要的措施约束小孩,致使惨剧发生。根据《民法典》第三十四条第三款规定,监护人不履行监护职责或者侵害被监护人合法权益的,应当承担法律责任。

因此,除了机动车驾驶人应承担责任外,其父母也要承担一定的监护责任。

84. 卧路自杀被撞死,谁承担责任?

根据《道路交通安全法》(2021年修正)第七十六条规定,交通事故的损失是由非机动车驾驶人、行人故意碰撞机动车造成的,机动车一方不承担赔偿责任。

因此,对选择机动车作为自杀工具的人,如果机动车驾驶人没有任何过错,则机动车一方不承担赔偿责任。

案例 7-2　交通事故中机动车无责时的赔偿比例负担。

基本案情：甲驾驶某出租车公司所有的出租车行驶至某西三街东口时，乙醉酒骑自行车由南向北逆向行驶进入机动车道，甲车前部撞在自行车前轮上，乙连人带车倒地，经抢救无效于当日死亡，两车损坏。事故发生后，经公安机关交通管理部门认定，乙承担事故的全部责任，甲不承担责任。

律师指引：根据《道路交通安全法》（2021年修正）第七十六条第一款第二项规定，机动车与非机动车驾驶人、行人之间发生交通事故，非机动车驾驶人、行人没有过错的，由机动车一方承担赔偿责任；有证据证明非机动车驾驶人、行人有过错的，根据过错程度适当减轻机动车一方的赔偿责任；机动车一方没有过错的，承担不超过百分之十的赔偿责任。

本案中，乙醉酒骑车且逆行进入机动车道的过错行为，直接导致该事故的发生，造成自身死亡。而作为事故的另一方，机动车驾驶员甲已尽到了注意义务，采取了必要的措施，但仍未能避免事故的发生，故相关部门根据上述情况认定乙应承担事故全部责任，甲不承担事故责任是正确的。

在赔偿问题上，因该交通事故的损失非乙故意所造成，故根据事故责任认定，机动车一方应承担 10%~20% 的赔偿责任。

85. 行人撞上机动车，责任如何承担？

即使是停放在道路上的静态车，发生事故仍然要适用《道路交通安全法》（2021年修正）规定的责任分配。虽然车辆处于静止状态，但它所处的环境则是运动状态，车辆作为体积大、硬度强的物体，对其他道路使用者仍然构成一种危险，所以当它与非机动车、行人相撞时，仍然适用无过错责任原则。根据《道路交通安全法》（2021年修正）第七十六条第二款规定，除非行人故意碰撞车辆造成交通事故，机动车一方都要承担责任。

86. 孩子钻洞上高速，被撞后责任如何分担？

如果高速公路的防护措施得当，对交通事故没有任何过错，则高速公路所属的公司不承担责任。如果高速公路的维护存在不足，比如防护网出现破损，导致有人进入高速公路，则所属公司无权以高速公路严禁行人进入为由，推卸责任。

根据《道路交通安全法》（2021年修正）第七十六条规定，机动车方要承担无过错责任，但有证据证明非机动车驾驶人、行人有过错的，根据过错程度适当减轻机动车一方的赔偿责任；机动车一方没有过错的，承担不超过百分之十的赔偿责任。

根据《民法典》第三十四条第三款规定，监护人不履行监护职责或者侵害被监护人合法权益的，应当承担法律责任。

87. 交通事故的责任无法查清，由谁承担？

根据《民法典》第一千一百八十六条规定，受害人和行为人对损害的发生都没有过错的，依照法律的规定由双方分担损失。事故原因无法查清，适用衡平责任原则，由各方分担受害人的损失。

88. 机动车违反停放规定引发交通事故，责任由谁承担？

根据《道路交通安全法》（2021年修正）第五十六条规定，机动车应当在规定地点停放。禁止在人行道上停放机动车；但是，依照本法第三十三条规定施划的停车泊位除外。

在道路上临时停车的，不得妨碍其他车辆和行人通行。

如果乱停车，比如把车停在公交站牌旁边，造成交通事故，自然要承担责任。当然，如果行人对事故的发生也有过错，比如因为赶着坐公交车而没有注意到停放的其他车辆，行人也应对自己的损害承担一定的责任。

89. 机动车为避自行车撞他人，责任由谁承担？

根据《民法典》第一百八十二条规定，因紧急避险造成损害的，由引起险情发生的人承担民事责任。危险由自然原因引起的，紧急避险人不承担民事责任，可以给予适当补偿。紧急避险采取措施不当或者超过必要的限度，造成不应有的损害，紧急避险人应当承担适当的民事责任。

因此，驾驶人避让自行车的行为是紧急避险；交通肇事是因紧急避险发生的，如紧急避险不当，由避险人与危险制造者共同承担民事责任。

90 行人受两车夹击后惊慌失措被轧，谁承担责任？

受两车夹击的行人可能是倒在其中一辆机动车的车轮下面，但另外一辆车并不是说就不承担责任了，因为受害人倒地的原因是两车的夹击。所以，夹击行人的两车要根据各自对事故发生所起的作用大小分配责任。

➡️ 案例 7-3   共同侵权行为责任判定。

基本案情：甲驾驶重型牵引车由东向西行驶时，适有乙驾驶一辆轻型货车由北向东左转弯，两车相撞发生交通事故。事故造成乘坐在轻型货车中的丙死亡。经查明，乙系某毛纺厂司机，适逢春节放假期间，乙私自酒后驾车帮助丙运送货架。甲系某运输公司司机，事发时在从事运输工作。公安机关交通管理部门对事故进行了责任认定，结论为：乙承担事故主要责任，甲承担事故次要责任，丙不承担事故责任。

律师指引：在交通事故损害赔偿案件中，企业法人对它的法定代表人和其他工作人员的经营活动，承担民事责任。上述人员实施与职务无关的行为致人损害的，应当由行为人承担赔偿责任。

本案中，根据交通事故责任认定书，乙与甲对丙的死亡具有共同的过失，成立共同过失侵权。因乙实施与职务行为无关的侵权行为，应由乙承担责任；甲是在执行职务行为过程中发生的侵权，责任应由运输公司承担。所以，乙应与运输公司承担连带赔偿责任。另外丙作为帮工行为的受益人，受到了乙的无偿帮助，因此应当减轻乙对丙的赔偿责任。而毛纺厂作为车辆的所有人，具有运营支配权，并负有对该车辆的管理义务，毛纺厂对于其司机乙私自驾车行为未尽到注意义务，应当对乙的侵权行为承担补充赔偿责任。

职务行为发生交通事故，由谁承担责任？

由职务行为的受益者承担民事赔偿责任。

根据《民法典》第六十二条第一款规定，法定代表人因执行职务造成他人损害的，由法人承担民事责任。企业法人对它的法定代表人和其他工作人员的经营活动，承担民事责任。

同时，根据《民法典》第一千一百九十二条第一款规定，个人之间形成劳务关系，提供劳务一方因劳务造成他人损害的，由接受劳务一方承担侵权责任。接受劳务一方承担侵权责任后，可以向有故意或者重大过失的提供劳务一方追偿。提供劳务一方因劳务受到损害的，根据双方各自的过错承担相应的责任。

雇员在从事雇用活动中致人损害的，雇主应当承担赔偿责任；雇员因故意或者重大过失致人损害的，应当与雇主承担连带赔偿责任。

92. 驾私车出公差发生交通事故，由谁承担责任？

由所在单位承担责任。当事人无论开谁的车都是在为单位服务，开车本身只是手段，不是目的。相反，如果当事人仅是使用单位的车辆却是为了办私事，并且未经单位同意就不属于职务行为，应由当事人承担责任。

93. 因租赁、借用等情形机动车所有人与使用人不是同一人而发生交通事故时，该如何确定法律责任？

根据《民法典》第一千二百零九条规定，因租赁、借用等情形机动车所有人、管理人与使用人不是同一人时，发生交通事故造成损害，属于该机动车一方责任的，由机动车使用人承担赔偿责任；机动车所有人、管理人对损害的发生有过错的，承担相应的赔偿责任。

➤➤ **案例 7-4** 某租赁公司长沙分公司与郑某等机动车交通事故责任纠纷上诉案。

基本案情：2019 年 4 月，湘 AXXX 机动车（以下简称事故车辆）与骑电动自行车的刘某相撞，致刘某受伤，构成交通事故。事发后，事故车辆驾驶员郑某驾车离开现场。该起事故责任经公安机关交通管理部门认定，因事故车辆一方违反让行规定，郑某肇事后逃逸，负全部责任；刘某无责任。事故车辆登记的所有人为某租赁公司长沙分公司，事故车辆在某保险某支公司处投保了交强险和第三者责任商业保险（以下简称商业三者险）责任限额 300,000 元，含不计免赔，本案事故发生在保险期内。

一审法院审理认为： 根据审理查明事实，本案事故责任在于事故车辆一方，而事故车辆登记在某租赁公司长沙分公司名下，故其对事故车辆应具有管理义务。现该公司长沙分公司主张车辆所有人与管理人分离，其应就此承担举证责任。根据相关法律规定，当事人向人民法院提供证据，应当提供原件或者原物。然该公司长沙分公司于本案中提供的证据并非原件，刘某及某保险某支公司又不予认可，法院对该公司长沙分公司辩称主张难以采纳，故可认定其对本案损害发生具有过错，应赔偿相应损失。

二审法院审理认为： 上诉人某租赁公司长沙分公司与郑某被上诉人之间签署的《融资租赁合同》《融资租赁合同之补充协议》以及《租赁物交付签收单》中的电子签名及文档内容自签署之日起未被篡改，本院对此予以认可，确认上诉人提交的《融资租赁合同》《融资租赁合同之补充协议》以及《租赁物交付签收单》的真实性，上诉人与被上诉人之间成立融资租赁合同关系，且事故车辆已实际交付给被上诉人。

因租赁、借用等情形机动车所有人与使用人不是同一人时，发生交通事故后属于该机动车一方责任的，由保险公司在机动车强制保险责任限额范围内予以赔偿。不足部分，由机动车使用人承担赔偿责任；机动车所有人对损害的发生有过错的，承担相应的赔偿责任。本案中，上诉人系事故车辆的所有人，在案证据不足以证明交付的车辆存在缺陷，上诉人亦通过要求被上诉人提交驾驶证复印件的方式对其机动车驾驶资质进行了审查。经原审原告确认，事故发生后上诉人向其提供了车辆使用人的身份信息。因此,上诉人对于本案事故的发生及处理不存在过错。经公安机关交通管理部门认定,本案事故由车辆驾驶员承担全部责任。虽车辆驾驶员逃逸,但被上诉人系事故车辆的实际使用人,被上诉人并未对非其实际驾驶事故车辆提供反证,应由被上诉人承担事故全部责任。鉴定费及律师代理费不属于保险理赔范围,应由被上诉人赔偿。

94. 分期付款购买的车辆发生交通事故,由谁承担责任?

分期付款买卖中,出卖方在购买方付清全部车款前保留车辆所有权,购买方使用该车致他人人身、财产损害的,出卖方不承担责任。最高人民法院《关于购买人使用分期付款购买的车辆从事运输因交通事故造成他人财产损失保留车辆所有权的出卖方不应承担民事责任的批复》(2000年)规定,"采取分期付款方式购车,出卖方在购买方付清全部车款前保留车辆所有权的,购买方以自己名义与他人订立货物运输合同并使用该车运输时,因交通事故造成他人财产损失的,出卖方不承担民事责任。"

95. 尚未过户的车辆发生交通事故,由谁承担责任?

车辆买卖后未发生过户的,发生事故由名义车主和实际车主承担连带赔偿责任。对没有办理变更登记的,根据《民法典》第一千二百一十条规定,当事人之间已经以买卖或者其他方式转让并交付机动车但是未办理登记,发生交通事故造成损害,属于该机动车一方责任的,由受让人承担赔偿责任。

96 未成年人造成交通事故，由谁承担责任？

根据《民法典》第一千一百八十八条规定，无民事行为能力人、限制民事行为能力人造成他人损害的，由监护人承担侵权责任。因此，未成年人是交通事故的侵权人，监护人应赔偿其所造成的损失。

97 交通事故伤及乘车人，由谁赔偿？

乘车人可以向事故的责任人主张侵权损害赔偿，也可以根据旅客运输合同向承运人主张损害赔偿。如果选择前者，应以交通事故责任认定书为依据。如果选择后者，按照《民法典》第八百二十三条规定，承运人应当对运输过程中旅客的伤亡承担赔偿责任，但是，伤亡是旅客自身健康原因造成的或者承运人证明伤亡是旅客故意、重大过失造成的除外。

98 免费搭车人受伤，由谁承担责任？

根据《民法典》第一千二百一十七条规定，非营运机动车发生交通事故造成无偿搭乘人损害，属于该机动车一方责任的，应当减轻其赔偿责任，但是机动车使用人有故意或者重大过失的除外。

➡️ 案例 7-5 酒后搭车摔下死亡后,责任的认定。

基本案情:甲与乙等 10 余人共同到坐落在某居民小区丙家,为丙庆贺乔迁之喜。当晚 22 时许,甲、乙从丙家出来准备回家。丙见甲饮酒有些过量且见乙的交通工具是小型客车,便向乙提出甲饮酒后驾驶摩托车回家不安全,问其可否用车将甲送回家,乙表示同意。甲坐在乙的车后一排。乙驾车行至小区东侧路段时,甲将车门打开,不慎从车上摔下,被送往某医院诊治,后因伤情严重,经抢救无效死亡。

律师指引:根据《民法典》第一百八十条规定,"因不可抗力不能履行民事义务的,不承担民事责任,法律另有规定的,依照其规定。"本案中乙不是从事旅客运输工作的,而且其是受朋友之托把甲送回家,他们之间不是一种有偿服务。甲的死亡完全是由于自己过失而坠落下车所致,与乙的行为没有因果关系。乙对于甲的死亡无法预见,更无法控制,故甲的死亡系不可抗力造成,乙不应承担民事责任。

99. 搭"醉"车被撞,搭车人有没有责任?

搭车人明知道驾驶人醉酒,仍然搭乘的,应当承担一定的责任。驾驶人有保护搭车人的义务,也应承担一定的责任。

100 允许没有驾驶资格的人驾车发生事故，由谁承担责任？

机动车驾驶员允许没有驾驶资格的人驾驶车辆，如果没有驾驶资格的人对事故的发生负有责任，那么驾驶员也应当承担一定的事故责任。

101 擅自发动他人车辆造成事故，由谁承担责任？

如果车辆所有人对车辆管理很好，交通事故的发生由擅自发动他人车辆者造成，那么就由该人承担责任。如果车辆所有人管理不善，导致他人偷开车辆造成交通事故，则车辆所有人应当与偷开人承担连带赔偿责任。

案例 7-6 擅自发动他人车辆造成事故，由谁承担责任？

基本案情：2016 年 7 月 3 日下午，刘某开车前往附近农贸批发市场购买食品。到市场后，刘某把车停在停车场，就匆匆忙忙离开，汽车钥匙没有拔。农贸市场的管理人员孙某见刘某一辆车占了两个车位，同时发现车门没锁，而且车钥匙还在车上。孙某曾经学过开车，但已经多年不开，也没有驾驶执照。由于没有注意车辆后方的情况，倒车幅度过大，孙某将停在邻近车位的吴某车的保险杠撞坏。孙某很慌张，又不慎撞到了刚停好车的贾某，致使贾某的小腿胫骨骨折。

事故发生后，协商不成。于是吴某和贾某就将孙某、刘某和孙某所在单位农贸市场告上了法庭，要求他们对二人造成的财产和人身损失，承担民事赔偿责任。

法院认为： 本案的关键问题是擅自发动他人车辆发生交通事故，应承担什么责任。孙某不具备机动车驾驶资格，擅自驾驶他人车辆造成交通事故，对交通事故的发生具有过失。刘某未履行其作为机动车驾驶人妥善保管车辆的义务，在下车后没将车门锁好，又未将车钥匙拔下，在客观上为孙某酿成此次交通事故创造了条件。如果没有这一条件，此次交通事故就不可能发生。所以，孙某的过错与此次交通事故有因果关系，应当承担一定的责任。

法院判决，刘某和孙某对此次交通事故承担同等责任，刘某和孙某所在单位对吴某和贾某的损失承担连带赔偿责任。

律师指引： 车辆作为高速运输工具，具有高度的危险性，为确保安全，应严格按照交通法律法规对车辆驾驶员的规定，履行必要的安全注意义务。刘某在将车开入停车场后，未停车入位，就匆匆下车，既没有拔钥匙，更没有锁车门，不仅违反了停车场的管理规定，还违反了法律法规对驾驶员停车行为的规范要求。正常人在这种情况下应该能够预见到其行为可能造成的严重后果，如汽车被盗、被偷开并可能因此造成交通事故。因此，车辆所有人对其车辆具有管理职责，如果管理不善，导致他人偷开车辆造成交通事故的，应与偷开人承担连带赔偿责任。

102 盗用他人车辆发生交通事故，谁来赔偿？

只要所有人已经尽到了法律规定的注意义务，就应认为其对车辆被盗的意外事件没有责任。车辆被盗后，已经脱离了所有人的控制，这时车辆发生交通肇事行为，再由其承担损害赔偿责任，有失法律的公平。

使用盗窃的机动车肇事，造成被害人物质损失的，肇事人应当依法承担损害赔偿责任，被盗机动车的所有人不承担损害赔偿责任。

103 出租车出事故，责任谁承担？

在当前的出租车行业中，驾驶员与出租车公司的关系主要有四种形式。一是公司职员，为公司驾驶出租车，利润上交，每月领取固定的工资。二是承包公司所有的机动车，每月上交一定的利润，剩余收入归自己，对外仍以公司的名义营业。三是挂靠承包经营，即将自己所有的机动车挂靠出租车公司，对外以公司名义营业，其营运证由公司负责办理，每月向公司上交一定费用，这种费用较之承包经营所交纳的费用低。四是所谓"二驾"，或称"副驾"，即由承包经营人即"主驾"招聘他人经营，"二驾"又分为三种，其一是"二驾"作为"主驾"的雇员，每月向"主驾"领取一定的工资，利润上交"主驾"；其二是"二驾"承包本应由"主驾"所运营的机动车，定期向"主驾"交纳固定费用，其余利润归自己所有；其三是部分承包"主驾"所运营的机动车，即与"主驾"在不同的时间段运营，例如"主驾"白天运营，"二驾"晚上运营，"二驾"定期向"主驾"支付固定的费用。对于"二驾"，有的出租车公司制度比较完备，规定雇用"二驾"必须在公司备案。有的则比较松散，对雇用"二驾"没有规定或约定。

对于第一种情况，因驾驶员是公司雇员，由公司承担其发生事故时的损害赔偿责任无疑。第二种情况，驾驶员承包公司所有的机动车，向公司交纳一定的利润，实际是租赁或使用权转让，上交的利润是租赁费或使用费，但又不同于一般的租赁或使用权转让行为，因为驾驶员仍然以公司的名义对外营业，即在出租车驾驶员一侧的车门外侧写有某某出租车公司的字样。第三种情况，经营者将自己所有的出租车挂靠在出租车公司，每月向公司交纳一定的费用，营运证由公司办理，实际上是使用公司的名义对外营业，公司收取该使用费。第四种情况，在承包经营（包括承包公司所有的出租车和挂靠两种情况）时，经营人又与他人发生雇用或转承包关系。

在后三种情况下，无论内部关系如何，在外人看来，驾驶员都是在为该车门上写着的出租车公司营业，而无法知道他们之间存在的租赁或使用权转让或更为复杂的法律关系。外人因此会对该车的赔偿能力做出以公司为依据的判断，而不会以驾驶人本人为依据的判断，因为公司的财力相对单个驾驶员或承包者要雄厚得多，对车辆造成的他人损害更有赔偿的保障，这也正是为什么出租车无论是否为个人所有，都对外宣称是属于某某出租车公司的主要原因。因此，三种情况下，出租车公司应承担出租车发生事故应负的赔偿责任。如果出租车司机有重大过失，应与公司承担连带赔偿责任。公司可依内部规定或挂靠协议，追究承包方、挂靠方、驾驶员的内部责任。

➡️ 案例 7-7　道路交通事故中对搭乘人损害的赔偿责任认定。

基本案情：丙经甲允许，搭乘甲驾驶的大货车从河北返回内蒙古。途中，甲因疲劳驾驶驶入某道路第三条车道，大货车右前部与在第三车道内行驶的乙驾驶的另一辆大货车左侧后部相刮，乘车人丙受伤致残，两车损坏。事故发生后，经公安机关交通管理部门处理，认定甲负事故的全部责任，乙无责任。

律师指引：根据《民法典》第八百二十三条规定，承运人应当对运输过程中旅客的伤亡承担赔偿责任，但是，伤亡是旅客自身健康原因造成的或者承运人证明伤亡是旅客故意、重大过失造成的除外。前款规定适用于按照规定免票、持优待票或者经承运人许可搭乘的无票旅客。

本案中，丙虽未向甲支付费用，但双方已形成了运输合同关系。甲疲劳驾驶致使交通事故发生，造成丙受伤致残，侵害了丙的人身权并且造成了精神损害，甲应当承担责任，赔偿丙相应的经济损失和精神损害抚慰金。

104 挂靠车辆出事故，由谁承担责任？

根据《民法典》第一千二百一十一条规定，以挂靠形式从事道路运输经营活动的机动车，发生交通事故造成损害，属于该机动车一方责任的，由挂靠人和被挂靠人承担连带责任。

105 指使未成年人驾车，责任由谁承担？

应当由指使者承担主要责任。未成年人没有驾驶资格还开车并造成交通事故，应承担次要责任。对未成年人应承担的责任，由其监护人，主要是父母承担。

106 交通事故损害赔偿有哪些免责理由？

道路交通事故出现以下几种情况，行为人可以免除承担赔偿责任。

（1）受害人故意。《道路交通安全法》（2021年修正）第七十六条第二款规定，交通事故的损失是由非机动车驾驶人、行人故意碰撞机动车造成的，机动车一方不承担赔偿责任。

（2）不可抗力。《中华人民共和国侵权责任法》第二十九条规定，"因不可抗力造成他人损害的，不承担责任。法律另有规定的，依照其规定。"《民法典》第一百八十条规定，"因不可抗力不能履行民事义务的，不承担民事责任。法律另有规定的，依照其规定。不可抗力是不能预见、不能避免且不能克服的客观情况。"第一千一百七十八条规定，"本法和其他法律对不承担责任或者减轻责任的情形另有规定的，依照其规定。"

（3）紧急避险。

机动车在运行中也可能发生紧急避险，在此情形下，机动车一方没有过错的，其要在90%的范围内免责。

根据《道路交通安全法》（2021年修正）第七十六条第一款第二项规定，"……机动车一方没有过错的，承担不超过百分之十的赔偿责任。"

（4）第三人过失或饲养的动物造成的交通事故。

如果机动车交通事故完全是因为第三人行为引发，则机动车一方无须承担责任。《侵权责任法》第二十八条和《民法典》第一千一百七十五条均规定，"损害是因第三人造成的，第三人应当承担侵权责任。"

➡ **案例7-8** 过错与承责比例的关系。

基本案情： 甲醉酒驾驶小客车由西向东行驶时，其车左前部与同方向同本道在前行驶的乙驾驶的重型厢式货车左后部接触，造成甲死亡，两车损坏。事故发生后，交通支队进行了调查，甲醉酒驾车、超速驾驶；乙在禁行时间段超载驾驶，且经检验该车后部无防护装置(后防护杠)。交通支队出具交通事故认定书，认定甲负主要责任，乙负次要责任。

律师指引： 本案中，甲醉酒驾车、超速行驶，作为完全民事行为能力人，应当预见到醉酒超速驾车可能会危害公共安全，但却放任结果的发生，以致发生交通事故，造成车毁人亡的严重后果。为此应该承担主要责任。而乙作为驾驶员，在禁行时间段内超载驾驶，对事故的发生存在过失，应当承担次要责任。就赔偿责任而言，甲对此次事故所造成的损害结果，应当承担90%的民事赔偿责任，乙承担10%的民事赔偿责任。

107 受害人的个人体质对交通事故导致的伤残存在一定影响，是否应当减轻或免除肇事者的责任？

案例7-9 荣某诉王某、某财产保险股份有限公司江阴支公司机动车交通事故责任纠纷案。

基本案情： 2012年2月，王某驾驶号牌为XXX的轿车碰擦行人荣某致其受伤。2月11日，公安机关交通管理部门作出《道路交通事故认定书》。荣某申请并经无锡市某医院司法鉴定所鉴定，结论为：荣某左桡骨远端骨折的伤残等级评定为十级；左下肢损伤的伤残等级评定为九级。损伤参与度评定为75%，其个人体质的因素占25%。

法院审理认为：本案中，虽然原告荣某的个人体质状况对损害后果的发生具有一定的影响，但这不是《侵权责任法》等法律规定的过错，荣某不应因个人体质状况对交通事故导致的伤残存在一定影响而自负相应责任，原审判决以伤残等级鉴定结论中将荣某个人体质状况"损伤参与度评定为75%"为由，在计算残疾赔偿金时作相应扣减属适用法律错误，应予纠正。

从交通事故受害人发生损伤及造成损害后果的因果关系看，本起交通事故的引发系肇事者驾驶机动车穿越人行横道线时，未尽到安全注意义务碰擦行人荣某所致；本起交通事故造成的损害后果系受害人荣某被机动车碰撞、跌倒发生骨折所致，事故责任认定荣某对本起事故不负责任，其对事故的发生及损害后果的造成均无过错。虽然荣某年事已高，但其年老骨质疏松仅是事故造成后果的客观因素，并无法律上的因果关系。因此，受害人荣某对于损害的发生或者扩大没有过错，不存在减轻或者免除加害人赔偿责任的法定情形。同时，机动车应当遵守文明行车、礼让行人的一般交通规则和社会公德。本案所涉事故发生在人行横道线上，正常行走的荣某对将被机动车碰撞这一事件无法预见，而驾驶机动车在路经人行横道线时未依法减速慢行、避让行人，导致事故发生。因此，依法应当由机动车一方承担事故引发的全部赔偿责任。

根据我国《道路交通安全法》（2021年修正）的相关规定，机动车发生交通事故造成人身伤亡、财产损失的，由保险公司在机动车第三者责任强制保险责任限额范围内予以赔偿。而我国交强险立法并未规定在确定交强险责任时应依据受害人体质状况对损害后果的影响作相应扣减，保险公司的免责事由也仅限于受害人故意造成交通事故的情形，即便是投保机动车无责，保险公司也应在交强险无责限额内予以赔偿。因此，对于受害人符合法律规定的赔偿项目和标准的损失，均属交强险的赔偿范围，参照

"损伤参与度"确定损害赔偿责任和交强险责任均没有法律依据。

律师指引：交通事故中，虽然受害人的个人体质对交通事故导致的伤残存在一定影响，但对损害的发生或者扩大无过错，则不存在减轻或免除侵权人赔偿责任的情况。同时我国交强险立法也并未规定在确定交强险责任时应依据受害人体质状况对损害后果的影响作相应扣减。因此，受害人的体质状况对损害后果的影响不属于可以减轻侵权人责任的法定情形。保险公司的免责事由也仅限于受害人故意造成交通事故的情形，即使投保机动车无责，保险公司也应在交强险无责限额内予以赔偿。

108 肇事司机遗弃伤者，构成故意杀人罪吗？

根据《刑法》（2020年修正）第二百二十三条和《最高人民法院关于审理交通肇事刑事案件具体应用法律若干问题的解释》第六条规定，肇事司机在交通肇事后为逃避法律追究，将被害人带离事故现场后隐藏或遗弃，致使被害人无法得到救助而死亡或严重残疾的，应当以故意杀人罪或故意伤害罪定罪处罚。

《最高人民法院关于审理交通肇事刑事案件具体应用法律若干问题的解释》第六条规定，行为人在交通肇事后为逃避法律追究，将被害人带离事故现场后隐藏或者遗弃，致使被害人无法得到救助而死亡或者严重残疾的，应当分别依照《刑法》第二百三十二条、第二百三十四条第二款规定，以故意杀人罪或者故意伤害罪定罪处罚。

《刑法》（2020年修正）第二百二十三条："故意杀人的，处死刑、无期徒刑或者十年以上有期徒刑；情节较轻的，处三年以上十年以下有期徒刑。"

《刑法》（2020年修正）第二百三十四条第二款："犯前款罪，致人重伤的，处三年以上十年以下有期徒刑；致人死亡或者以特别残忍手段致人重伤造成严重残疾的，处十年以上有期徒刑、无期徒刑或者死刑。本法另有规定的，依照规定。"

如何准确把握"交通肇事后将被害人带离事故现场后隐藏或遗弃，致使被害人无法得到救助而死亡"的情形？

一般应当同时符合以下条件。

(1) 客观上，行为人必须有在交通肇事后，将被害人带离事故现场后予以隐藏或遗弃的行为。一方面，将被害人带离事故现场，另一方面，将被害人隐藏或者遗弃。如果并没有将被害人带离事故的现场，而是将被害人留在现场，自己逃逸的，并不属于题述所讲的遗弃行为。

(2) 主观上，行为人是为了逃避法律追究，即是为了逃避其依法应当承担的各种法律责任。

(3) 被害人最终死亡或者造成严重残疾，且该结果与被隐藏或遗弃而无法得到救助之间有因果关系。如果行为人主观上虽有为逃避法律追究隐藏或遗弃被害人的行为，客观上也的确发生了被害人死亡的后果，但是被害人死亡的具体、确切时间，其死亡后果是否系因被告人隐藏或遗弃而无法得到救助所致，均无法证实，则不能认定属于题述的情况。

案例 7-10　倪某交通肇事案。

基本案情：2002 年 6 月，被告人倪某酒后驾驶正三轮摩托车行驶，因避让车辆采取措施不当，致其所驾摩托车偏离正常行车路线。又因该三轮车制动系统不合格，未能及时刹住车，倪某将人行道上正在行走的被害人严某撞倒。事故发生后，倪某当即将严某抱到附近某村个体卫生室请求救治。接治医务人员问被害人是哪里人，严某回答是本县某乡人，语气艰难。之后即不能讲话。

倪某供述：其在送被害人去县医院抢救的途中，曾三次停车呼喊被害人，而被害人均无应答，故认为被害人已经死亡、没有救治必要所以才产生抛"尸"想法的。抛"尸"当时，倪某还在现场观察了一会，仍没有看到被害人有任何动作，更加确信被害人已经死亡，最后才离开现场。

法院审理认为：被告人倪某在交通肇事后即将被害人抱送附近诊所求治，并按医嘱速送被害人去县医院抢救，其后来遗弃被害人是在认为被害人已死亡的主观状态下作出的。本案现有证据无法证明被害人在遗弃前确没有死亡，也无法证明被害人的死亡是因被遗弃无法得到救助而造成，故其行为不符合《最高人民法院关于审理交通肇事后刑事案件具体应用法律若干问题的解释》第六条关于交通肇事转化为故意杀人的条件。本着疑情从轻的原则，对倪某只能以交通肇事罪定罪处罚。对辩护人提出的关于倪某的行为不构成故意杀人罪的辩护意见予以采纳。倪某先前虽能积极送被害人去医院救治，但在认为被害人已死亡的情况下，为逃避法律追究又将被害人遗弃逃跑，符合交通肇事后逃逸的特征。辩护人提出的关于倪某的行为不属于交通肇事后逃逸的意见，与事实、法律不符，不予采信。

律师指引： 我国《刑法》（2020年修正）第一百三十三条规定，违反交通运输管理法规，因而发生重大事故，致人重伤、死亡或者使公私财产遭受重大损失的行为是交通肇事罪。行为人交通肇事致人受伤后，主观认为受害人已死亡而"抛尸"，而事实上受害人确系因该"抛尸"行为致死。根据主客观相一致的原则，行为人并没有杀死被害人的主观故意，而只是误认为被害人死亡而"抛尸"，不符合故意杀人罪的主观构成要件，对行为人应当以交通肇事罪定罪处罚。

110 醉酒驾驶并抗拒检查的是否应以危险驾驶罪和妨害公务罪数罪并罚？

《刑法修正案（八）》（2011年修正）增设的危险驾驶罪对惩处、遏制飙车和醉酒驾车行为起到至关重要的作用，极大减少了上述两种行为引发的交通事故，保护了公民的人身权利和财产权益。现实中，绝大多数醉酒驾驶者被公安机关查获时能够积极配合检查，但也不排除部分醉驾者拒不配合临场检查，甚至以暴力方法阻挠执法，对公安人员造成人身伤害的情况。对于上述情况是以一罪从重处罚还是数罪并罚尚有探讨的必要。

醉酒驾驶后抗拒检查行为先后满足危险驾驶罪和妨害公务罪构成要件。危险驾驶罪与妨害公务罪的主观责任及客观表现均有明显差异。主观方面，危险驾驶行为与抗拒检查行为虽然均系故意为之，但故意的具体内容并不一致。危险驾驶的故意是指行为人明知自己是在醉酒状态下仍驾驶机动车；抗拒检查的故意是指行为人明知对方是正在依法执行职务的国家机关工作人员而故意阻碍其执行职务。客观方面，危险驾驶的客观表现是行为人在道路上驾驶机动车追逐竞驶、情节恶劣或者在道路上醉酒驾驶机动车；抗拒检查的客观表现为行为人以暴力、胁迫方法阻碍正在执行职务的国家机关工作人员依法执行职务。

醉酒驾驶后抗拒检查行为先后侵犯不同法益。

危险驾驶罪侵犯的法益是道路交通安全，妨害公务罪侵犯的法益主要是公共管理秩序，两者侵犯的法益并不同质，是有着明显区别的，不存在交叉重叠之处。

醉酒后在道路上挪动车位的行为是否构成危险驾驶罪？

一般情况下，会构成危险驾驶罪。

最高人民法院刑事审判庭指导案例第895号唐某彬危险驾驶案指出：

（1）行为人只要在道路上醉酒驾驶机动车，即具有法律拟制的危险性，符合危险驾驶罪的客观要件；（2）行为人明知自己饮酒仍在道路上驾驶机动车，具有危险驾驶罪的主观故意；（3）对于为挪动车位而在道路上醉酒驾驶机动车，且行驶距离较短、速度较慢、未发生严重后果的，可以不作为犯罪处理；（4）如果发生致人轻伤以上的交通事故，一般不宜认为犯罪情节显著轻微，但结合具体案情，行为人的认罪、悔罪表现和赔偿情况，为体现从宽处罚精神，可以对被告人适用缓刑。

➤➤ 案例 7-11　朴某危险驾驶罪。

基本案情：2018 年 12 月，被告人朴某酒后驾驶黑色 XXX 号"丰田"牌小型普通客车，在 Y 市某路天池广场对面的路肩处调整车位倒车。在回到副驾驶座位等待代驾时，XXX 号"别克"牌小型轿车的车主以朴某的车刮了其车为由，要求其下车，并与其理论。随后被告人朴某，被接到对方报警后赶到现场的交警带至医院。经鉴定，从被告人朴某血样中检出乙醇含量为 164.41mg/100ml。

法院审理认为：朴某违反交通运输管理法规，在道路上醉酒驾驶机动车，其行为已构成危险驾驶罪，依法应予惩处。朴某醉酒后在道路上挪动车位的行为，构成危险驾驶罪。

律师指引：对于醉酒后在道路上挪动车位的行为是否构成危险驾驶罪的问题，实质上，按照地方规定的不同也有不同的认定结果。如本案中，朴某被法院认定为危险驾驶罪。但根据浙江省高级人民法院、浙江省人民检察院、浙江省公安厅印发的《关于办理"醉驾"案件若干问题的会议纪要》（2019 年）的规定："对于醉酒在广场、公共停车场等公众通行的场所挪动车位的，或者由他人驾驶至居民小区门口后接替驾驶进入居民小区的，或者驾驶出公共停车场、居民小区后即交由他人驾驶的……"又不属于《刑法修正案（八）》（2020 年修正）第一百三十三条之一规定的，"在道路上醉酒驾驶机动车"，而不认定为危险驾驶罪。

112. 如何认定危险驾驶罪中规定的追逐竞驶情节恶劣？

2014年12月18日，最高人民法院发布了指导案例32号张某某、金某危险驾驶案，该指导性案例明确了"追逐竞驶"和"情节恶劣"认定标准。

（1）机动车驾驶人员出于竞技、追求刺激、斗气或者其他动机，在道路上曲折穿行、快速追赶行驶的，属于《刑法》（2020年修正）第一百三十三条之一规定的"追逐竞驶"。

（2）追逐竞驶虽未造成人员伤亡或财产损失，但综合考虑超过限速、闯红灯、强行超车、抗拒交通执法等严重违反《道路交通安全法》（2021年修正）的行为，足以威胁他人生命、财产安全的，属于危险驾驶罪中"情节恶劣"的情形。

➡️ **案例7-12** 张某某、金某危险驾驶案。

基本案情： 2012年2月，被告人张某某、金某相约驾驶摩托车出去享受大功率摩托车的刺激感，约定"L路、H南路路口是目的地，谁先到谁就等谁"。随后，由张某某驾驶无牌的本田大功率二轮摩托车（经过改装），金某驾驶套牌的雅马哈大功率二轮摩托车（经过改装），从S市P区某车行出发，行至Y路、J路路口掉头沿Y路由北向南行驶，经N大桥到L路下桥，后沿H南路经F东路隧道、Z路回到张某某住所。全程28.5公里，沿途经过多个公交站点、居民小区、学校和大型超市。在行驶途中，二被告人驾车在密集车流中反复并线、曲折穿插、多次闯红灯、大幅度超速行驶。当行驶至L路、H南路路口时，张某某、金某遇执勤民警检查，遂驾车沿 H 南路经 F 东路隧道、Z 路逃离。其中，在 Y 南路 P 路立交（限速 60km/h）张某某行驶速度 115km/h、金某行驶速度 98km/h；在 N 大桥桥面（限速 60km/h）张某某行驶速度 108km/h、金某行驶速度 108km/h；在 N 大桥 L 路引桥下匝道（限速 40km/h）张某某行驶速度大于 59km/h、金某行驶速度大于 68km/h；在 F 东路隧道（限速 60km/h）张某某行驶速度 102km/h、金某行驶速度 99km/h。

法院审理认为： 根据《刑法》（2020 年修正）第一百三十三条之一规定，"在道路上驾驶机动车追逐竞驶，情节恶劣的"构成危险驾驶罪。关于本案被告人的行为是否属于"情节恶劣"，应从其追逐竞驶行为的具体表现、危害程度、造成的危害后果等方面，综合分析其对道路交通秩序、不特定多人生命、财产安全威胁的程度是否"恶劣"。本案中，二被告人追逐竞驶行为，虽未造成人员伤亡和财产损失，但从以下情形分析，属于危险驾驶罪中的"情节恶劣"。

从驾驶的车辆看，二被告人驾驶的系无牌和套牌的大功率改装摩托车；从行驶速度看，总体驾驶速度很快，多处路段超速达 50% 以上；从驾驶方式看，反复并线、穿插前车、多次闯红灯行驶；从对待执法的态度看，二被告人在民警盘查时驾车逃离；从行驶路段看，途经的 Y 路、Z 路、N 大桥、F 东路隧道等均系城市主干道，沿途还有多处学校、公交站点、居民小区、大型超市等路段，交通流量较大，行驶距离较长，在高速驾驶的刺激心态下和躲避民警盘查的紧张心态下，极易引发重大恶性交通事故。

上述行为，给公共交通安全造成一定危险，足以威胁他人生命、财产安全，故可以认定二被告人追逐竞驶的行为属于危险驾驶罪中的"情节恶劣"。

律师指引： 追逐竞驶的"情节恶劣"具体表现为以下情形：（1）伴有多项违反《道路交通安全法》（2021年修正）的行为。追逐竞驶行为本身具有高度危险性，如果还实施了其他违反《道路交通安全法》（2021年修正）的驾驶行为，会进一步提升该行为的危险程度。常见的情形包括：驾驶改装、拼装的机动车，违规超车，严重超速行驶，违反交通信号以及实施其他违反道路安全通行规定的行为。（2）追逐竞驶主观恶性较大的。如曾因追逐竞驶受过行政处罚或者刑事追究的，多人多次追逐竞驶的，酒后、吸食毒品后追逐竞驶的，无驾驶资格驾驶机动车的，驾驶速度过快，反复并线、穿插前车、多次闯红灯行驶的。（3）在特殊时段、路段追逐竞驶，或者驾驶特殊车型追逐竞驶的，如交通高峰期在城市繁华路段追逐竞驶，造成交通堵塞或者引起公共恐慌的。

113. 受害人因交通事故造成的损伤引发自身疾病而导致死亡的，能否减轻或者免除肇事者的法律责任？

可以减轻或免除肇事者的法律责任。主要考虑因素是死亡与交通事故之间的因果关系如何。

➤ 案例 7-13 王某、张某、张某1诉B保险公司等交通事故责任纠纷案。

基本案情： 2018年3月，周某驾驶苏BXXXXX小型出租汽车（该车为某公司所有），沿环科园新城路由南向北行驶至团氿南路路口处左转上团沈南路时,撞到沿团沈南路人行横道由北向南步行的行人张某及王某(张某系王某之夫,张某1之父),致车辆损坏和张某、王某受伤的交通事故。该事故经公安机关交通管理部门认定,周某负事故全部责任。事故车辆在A保险公司投保了机动车交通事故责任强制保险、在B保险公司投保了保险金额为100万元的第三者责任险(含不计免赔特约险),事故发生在保险期间。

一审法院审理认为: 本案的争议焦点为:张某的死亡与交通事故是否有因果关系。张某在交通事故发生前因癌症正进行定期化疗,其在2018年3月4日化疗后的次日因本起交通事故被撞伤无法起床,南京某医院因其身体外伤无法耐受化疗而不能进行原计划的2018年3月18日的化疗。张某在3月5日发生交通事故时尚在户外正常步行,其在4月4日就因多器官功能衰竭而死亡,其病情转变之快与身体所受的外伤损伤及不能按计划进行化疗用药是有必然的关联的。故应认定本起交通事故是张某死亡的次要原因,张某死亡所造成的损失的30%应由被告承担。

二审法院审理认为: 张某的病情转变与其身体因交通事故导致的外伤损伤以及不能按计划进行化疗用药有关联,交通事故导致的损伤系其病情恶化的诱发、促进甚至加重因素,与其病发致死有间接因果关系。故一审法院认定本起交通事故系张某死亡的次要原因正确,据此认定侵权人对张某死亡产生的损失承担30%的赔偿责任适当,应予维持。

再审法院认为: 就张某死亡这一损害后果而言,交通事故侵权行为和张某自身的体质状况均是造成最终死亡后果的因,属于多因一果。其中，张某自身的体质状况是主因，交通事故的外伤是张某死亡的促进因素，起到催化、诱发的作用，但仅是次要因素，张某的体质状况与交通事故侵权行为合并，扩大了交通事故的损害后果。在这种情况下，必须考虑交通事故对导致死亡后果的原因力大小来确定承担侵权责任的范围，而不能将责任完全归咎于交通事故的加害方。

其次，从过错的角度分析，张某自身患有癌症的体质状况不能认为是自身的过错。根据最高人民法院指导案例24号的精神，受害人的体质状况不是《侵权责任法》等法律规定的过错，不应因个人体质状况对交通事故导致的伤残存在一定影响而自负相应责任。但是，完全不考虑受害者自身体质情况仅仅指该损害结果是交通事故直接造成，没有其他参与介入因素，即属于一因一果的情况下。从该角度出发，本案交通事故直接导致的损害结果是骨折外伤，就该损害结果一、二审法院并未以张某自身患有癌症而扣减加害人的责任，而是判决侵权人全额承担张某因骨折外伤产生的全部医疗费，符合该指导案例的精神。但对于多因一果的情况，尤其当受害人自身体质状况是导致死亡结果主因的情况下，不符合该指导案例的适用条件。

最后，侵权人是全责，张某无责，侵权人本应对全部损害后果承担责任，但这种责任的承担是建立在受害人具有一般抵抗风险能力的基础上的。受害人的体质状况在事故发生之前并不被侵权人知晓，其也无从基于该情形采取更加谨慎的驾驶行为。如果要求侵权人对于自己无法控制的风险引起的损害负全部赔偿责任，显然是不公平的。因此，在可以排除侵权人明知受害人体质状况而利用其体质弱点实施侵害的情况下，如果侵权人仅因一般过失的侵害行为触发受害人体质弱点，只有综合具体行为与实际损害之间的差距、受害人经济状况、侵权人承受能力等因素来减少侵权人承担责任的范围，才符合社会的公平正义原则。

再审法院驳回王某、张某、张某 1 的再审申请。

律师指引：交通事故的受害人患有癌症等严重疾病，交通事故本身不直接造成死亡等严重后果，但受害人却因交通事故造成的损伤引发自身疾病而导致死亡，受害人亲属请求肇事方就死亡结果承担全部赔偿责任的，人民法院不予支持。当受害者自身存在影响侵权结果的因素，对于损害后果的发生或者扩大具有客观上的原因时，应当考虑受害者的自身因素与损害后果的因果关系。

第八章　损害赔偿

114. 交通事故中直接财产损失如何赔偿？

直接财产损失的赔偿，是指因交通事故而导致车辆物品及其设施损坏，应当修复而不能修复，以及牲畜因伤失去使用价值或者死亡的，交通事故责任人应当对上述直接的财产损失进行赔偿。

直接财产损失赔偿费的计算。在交通事故中，对于所受的财产损失，如果能够恢复原状的，应当恢复原状，对于不能恢复原状的，应当赔偿，赔偿数额应当以所受的直接实际损失为限，具体分为以下两种情况。

第一，局部损失可以恢复的，应当赔偿修复费用及车辆物品因局部损失而导致的贬值。第二，对已无法修复的车辆、物品应赔偿其实际价值与残余价值之间的差额部分，牲畜因伤失去使用价值或死亡的，应当折价赔偿。

▶▶案例 8-1 加害方要赔偿受害方因事故产生的损失。

甲驾驶小轿车，由南向北行驶至某桥入口处时，适逢某商贸公司司机乙驾车由北向南行驶，突然，该车左前轮爆胎，车辆失控驶入逆行车道，与原告车辆相撞。该事故经公安机关交通管理部门认定，商贸公司司机乙负事故全部责任，原告无责任。

商贸公司司机乙受指派驾车外出，与甲发生交通事故，该事故经公安机关交通管理部门认定，商贸公司司机乙负事故全部责任。因该司机出车是受公司的指派，故应属职务行为，甲因此次事故产生的合理费用，商贸公司应予赔偿。甲的车辆虽已修复，但车辆的安全性、驾驶性能降低，给原告造成损失是客观存在的事实。且原告修复的车辆已经评估部门评估，贬值费明确，被告商贸公司应赔偿甲车辆贬值费和评估费。

胎儿有权请求交通事故损害赔偿吗？

胎儿出生后为活体的，有权对造成其抚养人死亡的交通事故责任人主张生活费等赔偿。

交通事故中间接财产损失如何赔偿？

间接财产损失是因交通事故而损失的可期待利益，它不是受害者现有财产的减少或毁损，而是如果不发生交通事故当事人就必然获得的利益。

对于间接财产损失，由于不是现有财产的减损，因此一般根据通常情况下可能获得的利益大小来确定其可能受到的损失，同时还要参考其他因素来确定具体的赔偿金额。

如果属于责任人不可预见的损失，则一般不予赔偿。

117 车辆停运期间的损失如何赔偿？

车辆停运期间的损失，是指交通事故中车辆遭受损害，如果被损车辆正用于货物运输或旅客运输经营活动，则在被损车辆修复期间，由于车辆的停运而造成的经济损失。由于这一损失是由交通事故造成的，事故责任人应当给予受害人赔偿。

车辆停运期间损失费的计算。根据最高人民法院《关于交通事故中的财产损失是否包括被损车辆停运损失问题的批复》的规定，如果被损车辆正用于货物运输或旅客运输经营活动的，交通事故责任者应当赔偿被损车辆修复期间的损失费，损失额以实际发生的为限。

118 交通事故造成人身伤害，能请求精神损害赔偿吗？

在我国有关给付精神损害抚慰金的法律依据主要是2001年生效的《最高人民法院关于确定民事侵权精神损害赔偿责任若干问题的解释》。该解释规定自然人的生命权、健康权、身体权、姓名权、肖像权、名誉权、荣誉权、人格尊严权、人身自由权遭受非法侵害的，可以向人民法院起诉请求精神损害赔偿。因此，交通事故造成人身伤害，是生命权、健康权、身体权等受到侵害，受害方是能请求精神损害赔偿的。

精神损害抚慰金的赔偿方式为：致人残疾的，为残疾赔偿金；致人死亡的，为死亡赔偿金和其他损害情形的精神抚慰金。即在致人残疾和死亡的案件中精神损害抚慰金包括在残疾赔偿金和死亡赔偿金中，精神损害的赔偿数额根据以下因素确定：侵权人的过错程度，法律另有规定的除外；侵害的手段场合、行为方式等具体情节；侵权行为所造成的后果；侵权人的获利情况；侵权人承担责任的经济能力；受诉法院所在地平均生活水平。法律、行政法规对残疾赔偿金、死亡赔偿金等有明确规定的，适用法律、行政法规的规定。

119 谁可以提出精神损害赔偿？

受害人可以提出精神损害赔偿。受害人死亡的，其配偶、父母、子女可以作为原告，提出赔偿。

120 什么时间提出精神损害赔偿？

精神损害赔偿即精神损害抚慰金，一般在当事人提出人身损害赔偿的同时提出，作为赔偿项目之一。2012年S市高级人民法院民一庭关于传统民事案件疑难问题研讨意见（节选）（2012）中，针对："机动车驾驶人构成交通肇事罪的案件，受害人另行提起民事赔偿诉讼中的精神损害抚慰金是否应支持？"倾向意见为应当予以支持。

121 如何确定精神损害赔偿的数额？

精神损害赔偿数额根据以下因素确定：（1）侵权人的过错程度；

（2）侵害的手段、场合行为方式等具体情节；（3）侵权行为所造成的后果；（4）侵权人的获益情况；（5）侵权人承担责任的经济能力；（6）受诉法院所在地平均生活水平。

法律法规对残疾赔偿金、死亡赔偿金有明确规定的，适用法律行政法规的规定。如果受害人对损害事实的发生和损害的结果有过错，根据受害人的过错程度，可以适当减轻或免除侵权人的赔偿责任。

122. 提出精神损害抚慰金的赔偿应当注意哪些事项？

提出精神损害赔偿应当注意以下三个问题：（1）是否已经造成了严重后果。交通事故责任人不是故意的，法院往往会严格限制精神损害赔偿的条件，对一般的精神伤害，法院不会支持。（2）当地的法院是否有关于精神损害赔偿的最高限额。如果有，应当参照这一限额提出具体的索赔数额。（3）如果当事人之间对索赔金额能够调解，尽量争取调解。

123. 医疗费

根据《最高人民法院关于审理人身损害赔偿案件适用法律若干问题的解释》（2020年修正）第六条："医疗费根据医疗机构出具的医药费、住院费等收款凭证，结合病历和诊断证明等相关证据确定。赔偿义务人对治疗的必要性和合理性有异议的，应当承担相应的举证责任。

"医疗费的赔偿数额，按照一审法庭辩论终结前实际发生的数额确定。器官功能恢复训练所必要的康复费、适当的整容费以及其他后续治疗费，赔偿权利人可以待实际发生后另行起诉。但根据医疗证明或者鉴定结论确定必然发生的费用，可以与已经发生的医疗费一并予以赔偿。"

误工费

根据《最高人民法院关于审理人身损害赔偿案件适用法律若干问题的解释》（2022年修正）第七条："误工费根据受害人的误工时间和收入状况确定。误工时间根据受害人接受治疗的医疗机构出具的证明确定。受害人因伤致残持续误工的，误工时间可以计算至定残日前一天。

"受害人有固定收入的，误工费按照实际减少的收入计算。受害人无固定收入的，按照其最近三年的平均收入计算；受害人不能举证证明其最近三年的平均收入状况的，可以参照受诉法院所在地相同或者相近行业上一年度职工的平均工资计算。"

护理费

护理费是指交通事故中的人身受到伤害的人，因遭受人身损害，生活无法自理需要他人护理而支出的费用。护理期限应自受害人受到损害至恢复生活自理能力时为止。护理级别应当根据护理依赖程度和配置残疾辅助器具的具体情况确定。

护理费数额是按照护理人员的花费确定的，包括护理人员的收入状况、护理人数、护理期限。护理人员原则为一人，如果受伤人员聘请了两个或两个以上的护理人员，在计算护理费数额时只计算一个人。特殊情况下，可参照医疗机构或鉴定机构的意见，确定护理人数可在二人及二人以上。

护理费的计算公式：

护理费赔偿金额 = 交通事故发生地护工同等级别报酬标准 × 天数 × 护理人数

126 交通费

交通费是指交通事故中的受害人及其必要的陪护人员，因就医或转院治疗所实际发生的用于交通的费用。

交通费的赔偿范围：（1）受害人在发生交通事故后到医院治疗期间从交通事故发生地到医院之间的救护车费等交通费。如果没有住院治疗，则还有治疗期间从住处到医院来往的交通费用，还包括治疗期间必要的护理人员的交通费用；（2）受害人治疗期间因转院发生的交通费用；（3）受害人伤残鉴定时从住处到伤残鉴定机构的交通费用，包括鉴定过程中必要的陪护人员的交通费用。

交通费应当以正式的票证收据为准，正式票据是指国家承认的能够作为报销凭证的税务发票和收费收据。交通费应当参照侵权行为地国家机关一般工作人员的出差标准支付交通费。

交通费的计算公式：

交通费赔偿金额 = 实际发生的费用

住院伙食补助费

住院伙食补助费是指交通事故中的受害人，在遭受人身损害后，在住院期间支出的合理的伙食费用。

住院伙食补助费的范围：（1）伤者在外地门诊就诊，当天不能返回及等待检查结果过程中，伤者及陪护人员的住宿费和伙食费；（2）伤者的病情需住院，但无病床，需等待床位过程中，伤者及陪护人员的住宿费和伙食费；（3）经医院证明，确需转院治疗或检查的往返途中，伤者及陪护人员的住宿费和伙食费。

住院伙食补助费的补助对象是住院的受害人。住院伙食补助费的标准，参照当地国家机关一般工作人员的出差标准确定。

住院伙食补助费的计算公式：

住院伙食补助费赔偿金额＝当地国家机关一般工作人员出差伙食补助标准×住院天数

营养费

营养费是指受害人因交通事故受伤而确需补充营养食品，由治疗机构或鉴定机构根据受害人伤情提出意见，作为辅助治疗手段支出的费用。

确定医疗费的根据是受害人的伤残情况和医疗机构的意见。

营养费的计算公式：

营养费赔偿金额＝医疗机构酌情建议的数额

129 残疾赔偿金

残疾赔偿金是指伤者受伤后，虽经合理治疗仍未能痊愈的，所遗留的顽固性或永久性的功能障碍，导致其不能胜任正常的工作和劳动而给予的赔偿费。

确定残疾赔偿金的计算基数。权利人查阅相关资料，确定"受诉法院所在地上一年度城镇居民或农村居民人均纯收入"的确切数据。如果权利人能证明其住所地或经常居住地城镇居民或农村居民人均纯收入高于受诉法院所在地标准的，残疾赔偿金还可以按照其住所地或经常居住地的相关标准计算。

确定城镇居民或农村居民残疾赔偿金的赔偿期限。赔偿期限为自定残之日起按二十年计算，但六十周岁以上的，年龄每增加一岁减少一年，七十五岁以上按五年计算。

根据受害人丧失劳动能力程度或伤残等级确定赔偿系数。一般参照《道路交通事故受伤人员伤残评定》将伤残等级分为10级、9级、8级、7级、6级、5级、4级、3级、2级、1级，从而相应的赔偿系数为10%、20%、30%、40%、50%、60%、70%、80%、90%、100%。每一级以10%的比例依次递减作为伤残赔偿指数。

残疾赔偿金的计算公式：

城镇居民或农村居民的残疾赔偿金＝受诉地法院上一年度城镇居民或农村居民人均纯收入 x 赔偿年限 x 伤残赔偿指数

受害人在六十岁以下的：

残疾赔偿金＝受诉地法院上一年度城镇居民或农村居民人均纯收入 x20年 x 伤残赔偿指数

受害人在六十至七十四岁的：

残疾赔偿金＝受诉地法院上一年度城镇居民或农村居民人均纯收入×[20年-(受害人实际年龄-60岁)]×伤残赔偿指数

受害人在七十五岁以上的：

残疾赔偿金＝受诉地法院上一年度城镇居民或农村居民人均纯收入×5年×伤残赔偿指数

130 残疾辅助器具费

残疾辅助器具费是指在交通事故中，因伤致残的受害人为补偿其遭受创伤的肢体器官功能，辅助其实现生活自理或从事生产劳动而购买、配置的生活辅助器具所花的费用。

残疾辅助器具费按照普通适用器具的合理费用标准计算。伤情有特殊需要的，可以参照辅助器具配置机构的意见确定相应的合理费用标准。辅助器具的更换周期和赔偿期限参照配置机构的意见确定。

残疾辅助器具费的计算公式：

残疾辅助器具费＝普通适用器具的合理费用

131 如何计算被抚养人的生活费？

根据《最高人民法院关于审理人身损害赔偿案件适用法律若干问题的解释》（2020年修正）第十七条："被扶养人生活费根据扶养人丧失劳动能力程度，按照受诉法院所在地上一年度城镇居民人均消费支出标准计算。被扶养人为未成年人的，计算至十八周岁；被扶养人无劳动能力又无其他生活来源的，计算二十年。但六十周岁以上的，年龄每增加一岁减少一年；七十五周岁以上的，按五年计算。

"被扶养人是指受害人依法应当承担扶养义务的未成年人或者丧失劳动能力又无其他生活来源的成年近亲属。被扶养人还有其他扶养人的，赔偿义务人只赔偿受害人依法应当负担的部分。被扶养人有数人的，年赔偿总额累计不超过上一年度城镇居民人均消费支出额。"

132 如何计算丧葬费？

丧葬费是指交通事故致人死亡的，死者的法定继承人或者承担丧葬义务的人为办理丧葬事宜支出的费用。

丧葬费的范围：为安葬死者支出的必要费用，包括运尸费、火化费、购买普通骨灰盒费、一期骨灰存放费、雇请抬丧人员所支付的劳务费、必要的交通费等。

丧葬费的赔偿标准按照受诉法院所在地上一年度职工月平均工资标准，以六个月总额计算。

丧葬费的计算公式：

丧葬费 = 受诉法院所在地上一年度月平均工资（元/月）× 6 个月

133 如何计算死亡赔偿金？

死亡赔偿金是指交通事故致人死亡的，事故的相关负责人按照一定的标准给予死者家属一定数额的赔偿。死亡赔偿金是受诉法院所在地上一年度城镇居民人均可支配收入或农村居民人均纯收入乘以赔偿年限来确定的。

确定赔偿基数。根据《最高人民法院关于审理人身损害赔偿案件适用法律若干问题的解释（2022年修正）》第十五条规定，死亡赔偿金数额按照受诉法院所在地上一年度城镇居民可支配收入标准，受诉法院所在地是指受诉法院所在的省、自治区、直辖市。同时，赔偿权利人按照《最高人民法院关于审理人身损害赔偿案件适用法律若干问题的解释（2022年修正）》第十八条规定，能证明其住所地或经常居住地城镇居民人均可支配收入高于受诉法院所在地标准的，死亡赔偿金可以按照其住所地和经常居住地的相关标准计算。

《最高人民法院关于审理人身损害赔偿案件适用法律若干问题的解释（2022年修正）》第十五条规定："死亡赔偿金按照受诉法院所在地上一年度城镇居民人均可支配收入标准，按二十年计算。但六十周岁以上的，年龄每增加一岁减少一年；七十五周岁以上的，按五年计算。"

《最高人民法院关于审理人身损害赔偿案件适用法律若干问题的解释（2022年修正）》第十八条规定："赔偿权利人举证证明其住所地或者经常居住地城镇居民人均可支配收入高于受诉法院所在地标准的，残疾赔偿金或者死亡赔偿金可以按照其住所地或者经常居住地的相关标准计算。"

确定赔偿年限。死亡赔偿金按二十年计算。但六十周岁以上的，年龄每增加一岁减少一年，七十五周岁以上的，按五年计算。

死亡赔偿金的计算公式：

死亡人在60周岁以下的：

死亡赔偿金 = 受诉法院所在地上一年度城镇居民人均可支配收入或

者农村居民人均纯收入 x20 年

死亡人在 60~74 周岁的：

死亡赔偿金 = 受诉法院所在地上一年度城镇居民人均可支配收入或者农村居民人均纯收入 x[20 年 -(死亡人实际年龄 -60 岁)]

死亡人在 75 周岁以上的：

死亡赔偿金 = 受诉法院所在地上一年度城镇居民人均可支配收入或者农村居民人均纯收入 x 5 年

134 受害人在二审诉讼过程中死亡，是以伤残赔偿金的相关计算标准，还是以死亡赔偿金的相关计算标准确定损害赔偿的范围、项目及数额？

需要确定该死亡与交通事故的因果关系，如果具有相当的因果关系，并属于交通事故的最终损害结果，应当以死亡赔偿的相关标准进行计算。

➡➡ 案例 8-2 王某等诉顾某、XX 保险股份有限公司 S 市分公司机动车交通事故责任纠纷案。

基本案情： 2015 年 12 月，顾某驾驶小型轿车与李某驾驶电动自行车相撞，造成李某受伤及车辆损坏的道路交通事故。经公安机关交通管理部门认定，顾某、李某对事故承担同等责任。

一审法院裁判： 一、被告 XX 保险股份有限公司 S 市分公司于判决生效之日起十日内在交强险及商业险限额内赔偿原告李某 1,110,200 元；

二、被告顾某于判决生效之日起十日内赔偿原告李某 97,684.08 元。

二审审理中，李某于 2018 年 2 月 28 日在外地老家死亡，S 市第一中级人民法院裁定中止诉讼。李某继承人王某等申请参加诉讼。

二审法院审理认为： 李某因涉案交通事故受伤，其在提出损害赔偿期间死亡，原依法定标准计算 20 年的残疾赔偿金及被扶养人生活费应按实际情况酌情调整为 5 年，并于 2018 年 8 月民事判决：一、撤销一审法院民事判决；二、XX 保险股份有限公司 S 市分公司应于判决生效之日起十日内在交强险及商业险限额内赔偿王某等 414,510.08 元；三、XX 保险股份有限公司 S 市分公司应于判决生效之日起十日内支付顾某 186,143.89 元。

再审法院审理认为： 本案争议焦点在于李某的死亡是否是涉案交通事故的损害结果以及如认定李某死亡是涉案交通事故损害结果，王某等可获损害赔偿是以死亡还是仍以一级伤残作为事实基础。

首先，本案中李某在经过治疗并被鉴定为一级伤残（植物状态）后，其家人基于在 S 市尚且无法有效治疗并考虑农村老家医疗条件及家庭经济状况等客观情况，将李某接回老家家中予以护理，符合一般社会常情。在顾某、XX 保险股份有限公司 S 市分公司均未主张存在第三方（包括其家人）对李某有加害行为的情况下，根据社会常识及生活经验判断，死亡是李某在植物人状态下的自然发展趋势，可以认定李某死亡与本次交通事故有相当因果关系，是本次交通事故的最终损害结果。

其次，虽然李某因涉案交通事故受伤曾被鉴定为一级伤残，但因侵权所受人身损害的赔偿应为结果性赔偿而非过程性赔偿。故基于李某死亡被认定为涉案交通事故的最终损害结果，王某等可获损失赔偿应基于交通事故导致李某死亡的事实基础，赔偿范围包括死亡赔偿金等相关项目。二审判决未就李某死亡是否是涉案交通事故损害结果作出认定，仍以一级伤残作为赔偿的事实基础判决支付残疾赔偿金等，并基于李某死亡事实径行将相关项目赔偿年限从 20 年调整为 5 年，应属不当。

再次，关于部分赔偿项目的计赔标准，王某等主张按照再审审理时的上一年度即 2018 年度的相关统计数据，顾某、XX 保险股份有限公司 S 市分公司则主张按照事故发生当年度即 2015 年度的相关统计数据。考虑到李某最终损害结果即死亡的时间及二审审理时间均在 2018 年，以政府统计部门公布的上一年度相关统计数据作为损失计赔标准，对各方当事人而言更为公平合理，再审判决确定按照 2017 年度相关统计数据作为损失计赔标准。

再审法院于 2019 年 12 月民事判决：一、撤销一审、二审民事判决；二、XX 保险股份有限公司 S 市分公司应于判决生效之日起十日内在交强险及商业险限额内赔偿王某等 1,110,200 元；三、顾某应于判决生效之日起十日内赔偿王某等 95,693.28 元。

律师指引：因侵权所受人身损害赔偿应为结果性赔偿而非过程性赔偿。受害人在二审诉讼过程中死亡，人民法院应当就此新的事实是否与侵权行为具有因果关系、是否可认定为侵权行为的最终损害结果进行审查，并基于查明的事实确定损害赔偿的范围、项目及数额。

135. 被执行人拒不执行，如何保障受害人的利益？

（1）如果被执行人拒不履行法院判决或裁定，尽快向一审法院申请

（2）积极配合法院，并提供被执行人相关财产线索。

（3）如构成犯罪，及时配合法院向公安机关报案，追究其刑事责任。

➡️ 案例 8-3 赵某申请执行张某机动车交通事故案。

基本案情：2010 年 7 月，李某驾驶三轮车（后乘申请人赵某）与被执行人张某发生机动车交通事故。事故造成赵某脑外伤精神分裂，一级伤残，丧失诉讼能力，经公安机关交通管理部门鉴定，张某负事故全部责任。2011 年 3 月，赵某之夫李某代其向 B 市某区人民法院提起诉讼。

法院一审判决：张某赔付赵某医疗费、误工费、残疾赔偿金、住院伙食补助等共计 129 万余元。判决作出后，张某向 B 市第二中级人民法院提起上诉，B 市第二中级人民法院作出民事调解书，该调解书确定张某分期给付赵某各项赔偿款共计 90 万元。张某于调解书作出当日给付赵某 20 万元，其后对剩余赔偿款便不再按调解书继续给付。故李某代赵某于 2012 年 7 月 23 日向 B 市某区人民法院申请强制执行，该院依法受理。

在执行过程中，法院及时发出执行通知并多次传唤被执行人张某，张某拒不露面、隐匿行踪，承办法官多次到被执行人住所地查找张某，亦未发现其下落。张某名下的肇事车辆被依法查封档案，但无法查找到该车，其名下七个银行账户余额为零或只有几十元钱，名下也无房产登记信息，案件未能取得实际进展。该案申请执行人赵某丧失劳动能力且生活不能自理，被执行人拒不执行的行为致使申请执行人一家的生活陷入困境。为维护申请执行人的合法权益，法院加大了对被执行人张某财产线索的查找力度，承办法官先后到保险公司、银行等机构查询张某的保险理赔金支取情况和资金往来状况，发现张某在二审调解后申请执行前将保险公司赔付的 10 万元商业第三者责任险保险理赔金领取但未支付给申请执行人。同时，发现其银行账户虽无存款但之前每月有 5000 余元的流水记录。查明上述情况后，承办法官立即与被执行人张某的父亲取得联系，要求张某尽快履行义务，张某父亲声称张某不在 B 市且其无能力履行，张某本人则仍旧拒不露面。鉴于张某转移财产、规避执行的上述行为，依据法律有关规定，2014 年 10 月 18 日，B 市某区人民法院以涉嫌犯拒不执行判决、裁定罪将案件移送 B 市公安局 XX 分局立案侦查。

执行结果：B 市某区人民法院受理案件后，被执行人张某拒不露面，转移财产，规避执行，涉嫌构成拒不执行判决、裁定罪。B 市某区人民法院将案件证据线索移送公安机关立案侦查后，张某主动交纳 10 万元案款，其被刑事拘留，张某亲属将剩余 60 万元执行款交到法院，该案得以顺利执结。同时，B 市公安局 XX 分局以涉嫌犯拒不执行判决、裁定罪将张某移送到 B 市某区人民检察院提起公诉。2015 年 2 月 4 日，B 市某区人民法院依法判处张某有期徒刑六个月，缓期一年执行。

律师指引：本案是一起因被执行人拒不执行而将其犯罪线索移送公安机关追究其刑事责任的典型案例。本案标的额较大，所以在考虑被执行人履行能力的情况下，二审法院调解书确定被告张某分期履行。但被告张某在调解书生效后并没有积极的履行义务，无视法院判决，蔑视司法权威。申请执行人赵某申请执行后，被执行人张某又故意隐匿行踪，转移财产规避执行，主观恶意明显，并导致申请执行人因事故造成的损害进一步扩大，使其家庭生活陷入极度的困顿。在法官掌握被告转移财产、规避执行的证据后再次要求被执行人履行义务，并告知其如果继续规避执行将要承担刑事责任,但被执行人依旧拒不露面,抗拒法院执行,无视司法权威。鉴于被执行人的上述行为,承办法官依据相关法律规定,将其拒不执行法院生效判决的证据和线索移送公安机关,由公安机关立案侦查,追究其刑事责任。最终在刑事处罚的威慑下,被执行人主动履行了判决义务,这也从另一个方面证明了其实际具有履行能力,被执行人必将因其损害司法权威、妨害司法秩序的行为而付出沉重的代价。该案通过追究被执行人刑事责任,维护了申请人的合法权益,捍卫了法律和司法的尊严,警示和威慑了所有意图拒不履行义务,拒不履行法院判决、裁定确定义务的被执行人。

136 快递车辆发生交通事故,法律责任由谁承担?

现代电子商务业务的迅猛发展,促进了快递行业的快速发展,快递企业数量和业务规模获得了持续扩大和发展。但是,在快递行业快速发展的同时,也给公众的生命财产安全带来了隐患。现实生活中,因快递员驾驶快递车辆违反交通规则,导致的交通事故经常发生。那么,快递员在履行职务的过程中,发生交通事故,其法律责任应当由其所属快递公司承担。

➡ **案例8-4** 快递车辆发生交通事故,责任主体的认定。

基本案情:某快递公司的员工甲驾驶电动三轮车送货时,与乙驾驶的电动车相撞,造成乙受伤。经交通警察认定,甲负全部责任。甲所驾电动三轮车在保险公司投保了公众责任险,此次事故发生在保险期限内。乙起诉至法院要求快递公司、保险公司承担赔偿责任。快递公司认可甲的职务行为，但认为甲造成的损失应当由保险公司直接向乙进行赔偿。保险公司认可快递公司投保了公众责任险，但认为其应当在快递公司向乙承担赔偿责任后另行赔付。

法院审理认为：甲系在驾驶电动三轮车为快递公司送货途中发生的事故，属于为快递公司履行职务行为，相应的民事责任应由快递公司承担。快递公司为其快递专用的电动三轮车投保公众责任险的做法值得肯定，但电动三轮车的公众责任险不同于法律规定的机动车第三者责任强制保险或机动车第三者责任商业保险，在本案中一并处理电动三轮车的公众责任险，没有法律依据，但关于公众责任险的保险理赔问题，快递公司可在先行承担赔偿责任后，依据保险合同约定与保险公司另行解决。

➡️ **案例 8-5** 快递特许人、被特许人（加盟公司）、承包人、快递员之间责任主体的认定。

基本案情：某快递公司与某加盟公司签订特许经营合同约定，加盟公司作为被特许人，可以在特定区域内经营快递公司快递业务，加盟公司又与甲签订速递承包合同约定，加盟公司授权甲在其承包区内经营取派件，并对甲的工作人员进行培训、指导；甲则必须遵守公司指定的操作规定、考核要求和服务规范等，甲支付加盟保证金后取得相应区域的快递业务经营权。

乙为受甲雇用从事快递运送业务，但隶属于加盟公司的快递员，某日驾驶快递机动车辆运送快递时与丙发生碰撞，致使丙受伤，经公安机关交通管理部门认定，乙负事故全部责任。丙据此向法院提起诉讼，要求甲、加盟公司及快递公司对其损失承担连带赔偿责任。

法院审理认为：第一，乙履行的系职务行为，对外不应承担赔偿责任。甲雇用乙派送快件，二者之间成立雇用关系。乙在驾驶机动车辆从事快递运送工作中发生了交通事故，系履行职务行为，故对丙的损失，不应由乙承担赔偿责任。

第二，加盟公司与甲之间系承包关系，甲对外不应承担赔偿责任。加盟公司与甲签有快递速递承包合同并予以履行，可以认定甲与加盟公司建立了属于企业内部发包、承包性质的法律关系，故对丙的损失，不应由甲对外承担赔偿责任。

第三，加盟公司在本次事故中应承担用工主体责任。经营快递业务必须是取得经营许可证的法人，甲不具备经营快递业务的资质，由于乙隶属于加盟公司，故加盟公司应对丙承担用工主体责任。

第四，快递公司与加盟公司之间成立特许经营关系，快递公司作为特许人，明知加盟公司将快递业务发包给不具有特许经营权的甲而不予制止，存在管理上的过失，但该过失与交通事故的发生并无因果关系，故快递公司对丙的损失不应承担赔偿责任。

律师指引：《民法典》第一千一百九十一条明确规定："用人单位的工作人员因执行工作任务造成他人损害的，由用人单位承担侵权责任。用人单位承担侵权责任后，可以向有故意或者重大过失的工作人员追偿。劳务派遣期间，被派遣的工作人员因执行工作任务造成他人损害的，由接受劳务派遣的用工单位承担侵权责任；劳务派遣单位有过错的，承担相应的责任。"

因此，快递员驾驶快递车辆运送快递的行为应当认定为职务行为，在运送快递期间发生的交通事故，应当由快递员所属的快递公司对外承担赔偿责任。

附录　相关法律法规

附录 A 人体损伤致残程度分级

最高人民法院
最高人民检察院
公安部
国家安全部
司法部
关于发布《人体损伤致残程度分级》的公告

为进一步规范人体损伤致残程度鉴定,现公布《人体损伤致残程度分级》,自 2017 年 1 月 1 日起施行。司法鉴定机构和司法鉴定人进行人体损伤致残程度鉴定统一适用《人体损伤致残程度分级》。

最高人民法院
最高人民检察院
公安部
国家安全部
司法部
2016 年 4 月 18 日

1. 范　围

本标准规定了人体损伤致残程度分级的原则、方法、内容和等级划分。

本标准适用于人身损害致残程度等级鉴定。

2. 规范性引用文件

下列文件对本标准的应用是必不可少的。凡是注日期的引用文件，仅注日期的版本适用于本标准；凡是不注日期的引用文件，其最新版本（包括所有的修改单）适用于本标准。

最高人民法院、最高人民检察院、公安部、国家安全部、司法部发布人体损伤程度鉴定标准

GB/T 16180-2014 劳动能力鉴定 职工工伤与职业病致残等级

GB/T 31147 人身损害护理依赖程度评定

3. 术语和定义

3.1 损伤

各种因素造成的人体组织器官结构破坏和/或功能障碍。

3.2 残疾

人体组织器官结构破坏或者功能障碍，以及个体在现代临床医疗条件下难以恢复的生活、工作、社会活动能力不同程度的降低或者丧失。

4. 总　则

4.1 鉴定原则

应以损伤治疗后果或者结局为依据，客观评价组织器官缺失和/或功能障碍程度，科学分析损伤与残疾之间的因果关系，实事求是地进行鉴定。

受伤人员符合两处以上致残程度等级者，鉴定意见中应该分别写明各处的致残程度等级。

4.2 鉴定时机

应在原发性损伤及其与之确有关联的并发症治疗终结或者临床治疗效果稳定后进行鉴定。

4.3 伤病关系处理

当损伤与原有伤、病共存时，应分析损伤与残疾后果之间的因果关系。根据损伤在残疾后果中的作用力大小确定因果关系的不同形式，可依次分别表述为：完全作用、主要作用、同等作用、次要作用、轻微作用、没有作用。

除损伤"没有作用"以外，均应按照实际残情鉴定致残程度等级，同时说明损伤与残疾后果之间的因果关系；判定损伤"没有作用"的，不应进行致残程度鉴定。

4.4 致残等级划分

本标准将人体损伤致残程度划分为 10 个等级，从一级（人体致残率 100%）到十级（人体致残率 10%），每级致残率相差 10%。致残程度等级划分依据见附录 A。

4.5 判断依据

依据人体组织器官结构破坏、功能障碍及其对医疗、护理的依赖程度，适当考虑由于残疾引起的社会交往和心理因素影响，综合判定致残程度等级。

5. 致残程度分级

5.1 一级

5.1.1 颅脑、脊髓及周围神经损伤

1) 持续性植物生存状态；

2) 精神障碍或者极重度智能减退，日常生活完全不能自理；

3) 四肢瘫（肌力3级以下）或者三肢瘫（肌力2级以下）；

4) 截瘫（肌力2级以下）伴重度排便功能障碍与重度排尿功能障碍。

5.1.2 颈部及胸部损伤

1) 心功能不全，心功能Ⅳ级；

2) 严重器质性心律失常，心功能Ⅲ级；

3) 心脏移植术后，心功能Ⅲ级；

4) 心肺联合移植术后；

5) 肺移植术后呼吸困难（极重度）。

5.1.3 腹部损伤

1) 原位肝移植术后肝衰竭晚期；

2) 双肾切除术后或者孤肾切除术后，需透析治疗维持生命；肾移植术后肾衰竭。

5.1.4 脊柱、骨盆及四肢损伤

1) 三肢缺失（上肢肘关节以上，下肢膝关节以上）；

2) 二肢缺失（上肢肘关节以上，下肢膝关节以上），第三肢各大关节功能丧失均达75%；

3) 二肢缺失（上肢肘关节以上，下肢膝关节以上），第三肢任二大关节均强直固定或者功能丧失均达90%。

5.2 二级

5.2.1 颅脑、脊髓及周围神经损伤

1) 精神障碍或者重度智能减退，日常生活随时需有人帮助；

2) 三肢瘫（肌力 3 级以下）；

3) 偏瘫（肌力 2 级以下）；

4) 截瘫（肌力 2 级以下）；

5) 非肢体瘫运动障碍（重度）。

5.2.2 头面部损伤

1) 容貌毁损（重度）；

2) 上颌骨或者下颌骨完全缺损；

3) 双眼球缺失或者萎缩；

4) 双眼盲目 5 级；

5) 双侧眼睑严重畸形（或者眼睑重度下垂，遮盖全部瞳孔），伴双眼盲目 3 级以上。

5.2.3 颈部及胸部损伤

1) 呼吸困难（极重度）；

2) 心脏移植术后；

3) 肺移植术后。

5.2.4 腹部损伤

1) 肝衰竭晚期；

2) 肾衰竭；

3) 小肠大部分切除术后，消化吸收功能丧失，完全依赖肠外营养。

5.2.5 脊柱、骨盆及四肢损伤

1) 双上肢肘关节以上缺失，或者一上肢肘关节以上缺失伴一下肢膝关节以上缺失；

2) 一肢缺失（上肢肘关节以上，下肢膝关节以上），其余任二肢体

各有二大关节功能丧失均达75%；

3) 双上肢各大关节均强直固定或者功能丧失均达90%。

5.2.6 体表及其他损伤

1) 皮肤瘢痕形成达体表面积90%；

2) 重型再生障碍性贫血。

5.3 三级

5.3.1 颅脑、脊髓及周围神经损伤

1) 精神障碍或者重度智能减退，不能完全独立生活，需经常有人监护；

2) 完全感觉性失语或者混合性失语；

3) 截瘫（肌力3级以下）伴排便或者排尿功能障碍；

4) 双手全肌瘫（肌力2级以下），伴双腕关节功能丧失均达75%；

5) 重度排便功能障碍伴重度排尿功能障碍。

5.3.2 头面部损伤

1) 一眼球缺失、萎缩或者盲目5级，另一眼盲目3级；

2) 双眼盲目4级；

3) 双眼视野接近完全缺损，视野有效值≤4%（直径≤5°）；

4) 吞咽功能障碍，完全依赖胃管进食。

5.3.3 颈部及胸部损伤

1) 食管闭锁或者切除术后，摄食依赖胃造口或者空肠造口；

2) 心功能不全，心功能Ⅲ级。

5.3.4 腹部损伤

1) 全胰缺失；

2) 一侧肾切除术后，另一侧肾功能重度下降；

3) 小肠大部分切除术后，消化吸收功能严重障碍，大部分依赖肠外营养。

5.3.5 盆部及会阴部损伤

1) 未成年人双侧卵巢缺失或者萎缩，完全丧失功能；

2) 未成年人双侧睾丸缺失或者萎缩，完全丧失功能；

3) 阴茎接近完全缺失（残留长度≤1.0cm）。

5.3.6 脊柱、骨盆及四肢损伤

1) 二肢缺失（上肢腕关节以上，下肢膝关节以上）；

2) 一肢缺失（上肢腕关节以上，下肢膝关节以上），另一肢各大关节均强直固定或者功能丧失均达90%；

3) 双上肢各大关节功能丧失均达75%；双下肢各大关节均强直固定或者功能丧失均达90%；一上肢与一下肢各大关节均强直固定或者功能丧失均达90%。

5.4 四级

5.4.1 颅脑、脊髓及周围神经损伤

1) 精神障碍或者中度智能减退，日常生活能力严重受限，间或需要帮助；

2) 外伤性癫痫（重度）；

3) 偏瘫（肌力3级以下）；

4) 截瘫（肌力3级以下）；

5) 阴茎器质性勃起障碍（重度）。

5.4.2 头面部损伤

1) 符合容貌毁损（重度）标准之三项者；

2) 上颌骨或者下颌骨缺损达1/2；

3) 一眼球缺失、萎缩或者盲目5级，另一眼重度视力损害；

4) 双眼盲目 3 级；

5) 双眼视野极度缺损，视野有效值 ≤ 8%（直径 ≤ 10°）；

6) 双耳听力障碍 ≥ 91dBHL。

5.4.3 颈部及胸部损伤

1) 严重器质性心律失常，心功能 II 级；

2) 一侧全肺切除术后；

3) 呼吸困难（重度）。

5.4.4 腹部损伤

1) 肝切除 2/3 以上；

2) 肝衰竭中期；

3) 胰腺大部分切除，胰岛素依赖；

4) 肾功能重度下降；

5) 双侧肾上腺缺失；

6) 永久性回肠造口。

5.4.5 盆部及会阴部损伤

1) 膀胱完全缺失或者切除术后，行永久性输尿管腹壁造瘘或者肠代膀胱并永久性造口。

5.4.6 脊柱、骨盆及四肢损伤

1) 一上肢腕关节以上缺失伴一下肢踝关节以上缺失，或者双下肢踝关节以上缺失；

2) 双下肢各大关节功能丧失均达 75%；一上肢与一下肢各大关节功能丧失均达 75%；

3) 手功能丧失分值达 150 分。

5.4.7 体表及其他损伤

1) 皮肤瘢痕形成达体表面积 70%；

2) 放射性皮肤癌。

5.5 五级

5.5.1 颅脑、脊髓及周围神经损伤

1) 精神障碍或者中度智能减退，日常生活能力明显受限，需要指导；

2) 完全运动性失语；

3) 完全性失用、失写、失读或者失认等；

4) 双侧完全性面瘫；

5) 四肢瘫（肌力4级以下）；

6) 单肢瘫（肌力2级以下）；

7) 非肢体瘫运动障碍（中度）；

8) 双手大部分肌瘫（肌力2级以下）；

9) 双足全肌瘫（肌力2级以下）；

10) 排便伴排尿功能障碍，其中一项达重度。

5.5.2 头面部损伤

1) 符合容貌毁损（重度）标准之二项者；

2) 一眼球缺失、萎缩或者盲目5级，另一眼中度视力损害；

3) 双眼重度视力损害；

4) 双眼视野重度缺损，视野有效值≤16%（直径≤20°）；

5) 一侧眼睑严重畸形（或者眼睑重度下垂，遮盖全部瞳孔），伴另一眼盲目3级以上；

6) 双耳听力障碍≥81dB HL；

7) 一耳听力障碍≥91dB HL，另一耳听力障碍≥61dB HL；

8) 舌根大部分缺损；

9) 咽或者咽后区损伤遗留吞咽功能障碍，只能吞咽流质食物。

5.5.3 颈部及胸部损伤

1) 未成年人甲状腺损伤致功能减退，药物依赖；

2) 甲状旁腺功能损害（重度）；

3) 食管狭窄，仅能进流质食物；

4) 食管损伤，肠代食管术后。

5.5.4 腹部损伤

1) 胰头合并十二指肠切除术后；

2) 一侧肾切除术后，另一侧肾功能中度下降；

3) 肾移植术后，肾功能基本正常；

4) 肾上腺皮质功能明显减退；

5) 全胃切除术后；

6) 小肠部分切除术后，消化吸收功能障碍，部分依赖肠外营养；

7) 全结肠缺失。

5.5.5 盆部及会阴部损伤

1) 永久性输尿管腹壁造口；

2) 尿瘘难以修复；

3) 直肠阴道瘘难以修复；

4) 阴道严重狭窄（仅可容纳一中指）；

5) 双侧睾丸缺失或者完全萎缩，丧失生殖功能；

6) 阴茎大部分缺失（残留长度≤3.0cm）。

5.5.6 脊柱、骨盆及四肢损伤

1) 一上肢肘关节以上缺失；

2) 一肢缺失（上肢腕关节以上，下肢膝关节以上），另一肢各大关节功能丧失均达50%或者其余肢体任二大关节功能丧失均达75%；

3) 手功能丧失分值≥120分。

5.6 六级

5.6.1 颅脑、脊髓及周围神经损伤

1) 精神障碍或者中度智能减退，日常生活能力部分受限，但能部分代偿，部分日常生活需要帮助；

2) 外伤性癫痫（中度）；

3) 尿崩症（重度）；

4) 一侧完全性面瘫；

5) 三肢瘫（肌力4级以下）；

6) 截瘫（肌力4级以下）伴排便或者排尿功能障碍；

7) 双手部分肌瘫（肌力3级以下）；

8) 一手全肌瘫（肌力2级以下），伴相应腕关节功能丧失75%以上；

9) 双足全肌瘫（肌力3级以下）；

10) 阴茎器质性勃起障碍（中度）。

5.6.2 头面部损伤

1) 符合容貌毁损（中度）标准之四项者；

2) 面部中心区条状瘢痕形成（宽度达0.3cm），累计长度达20.0cm；

3) 面部片状细小瘢痕形成或者色素显著异常，累计达面部面积的80%；

4) 双侧眼睑严重畸形；

5) 一眼球缺失、萎缩或者盲目5级，另一眼视力≤0.5；

6) 一眼重度视力损害，另一眼中度视力损害；

7) 双眼视野中度缺损，视野有效值≤48%（直径≤60°）；

8) 双侧前庭平衡功能丧失，睁眼行走困难，不能并足站立；

9) 唇缺损或者畸形，累计相当于上唇 2/3 以上。

5.6.3 颈部及胸部损伤

1) 双侧喉返神经损伤，影响功能；

2) 一侧胸廓成形术后，切除 6 根以上肋骨；

3) 女性双侧乳房完全缺失；

4) 心脏瓣膜置换术后，心功能不全；

5) 心功能不全，心功能 Ⅱ 级；

6) 器质性心律失常安装永久性起搏器后；

7) 严重器质性心律失常；

8) 两肺叶切除术后。

5.6.4 腹部损伤

1) 肝切除 1/2 以上；

2) 肝衰竭早期；

3) 胰腺部分切除术后伴功能障碍，需药物治疗；

4) 肾功能中度下降；

5) 小肠部分切除术后，影响消化吸收功能，完全依赖肠内营养。

5.6.5 盆部及会阴部损伤

1) 双侧卵巢缺失或者萎缩，完全丧失功能；

2) 未成年人双侧卵巢萎缩，部分丧失功能；

3) 未成年人双侧睾丸萎缩，部分丧失功能；

4) 会阴部瘢痕挛缩伴阴道狭窄；

5) 睾丸或者附睾损伤，生殖功能重度损害；

6) 双侧输精管损伤难以修复；

7) 阴茎严重畸形，不能实施性交行为。

5.6.6 脊柱、骨盆及四肢损伤

1) 脊柱骨折后遗留 30°以上侧弯或者后凸畸形；

2) 一肢缺失（上肢腕关节以上，下肢膝关节以上）；

3) 双足跖跗关节以上缺失；

4) 手或者足功能丧失分值≥ 90 分。

5.6.7 体表及其他损伤

1) 皮肤瘢痕形成达体表面积 50%；

2) 非重型再生障碍性贫血。

5.7 七级

5.7.1 颅脑、脊髓及周围神经损伤

1) 精神障碍或者轻度智能减退，日常生活有关的活动能力极重度受限；

2) 不完全感觉性失语；

3) 双侧大部分面瘫；

4) 偏瘫（肌力 4 级以下）；

5) 截瘫（肌力 4 级以下）；

6) 单肢瘫（肌力 3 级以下）；

7) 一手大部分肌瘫（肌力 2 级以下）；

8) 一足全肌瘫（肌力 2 级以下）；

9) 重度排便功能障碍或者重度排尿功能障碍。

5.7.2 头面部损伤

1) 面部中心区条状瘢痕形成（宽度达 0.3cm），累计长度达 15.0cm；

2) 面部片状细小瘢痕形成或者色素显著异常，累计达面部面积的 50%；

3) 双侧眼睑重度下垂，遮盖全部瞳孔；

4) 一眼球缺失或者萎缩；

5) 双眼中度视力损害；

6) 一眼盲目 3 级，另一眼视力 ≤ 0.5；

7) 双眼偏盲；

8) 一侧眼睑严重畸形（或者眼睑重度下垂，遮盖全部瞳孔）合并该眼盲目 3 级以上；

9) 一耳听力障碍 ≥ 81dB HL，另一耳听力障碍 ≥ 61dB HL；

10) 咽或者咽后区损伤遗留吞咽功能障碍，只能吞咽半流质食物；

11) 上颌骨或者下颌骨缺损达 1/4；

12) 上颌骨或者下颌骨部分缺损伴牙齿缺失 14 枚以上；

13) 颌面部软组织缺损，伴发涎漏。

5.7.3 颈部及胸部损伤

1) 甲状腺功能损害（重度）；

2) 甲状旁腺功能损害（中度）；

3) 食管狭窄，仅能进半流质食物；食管重建术后并发反流性食管炎；

4) 颏颈粘连（中度）；

5) 女性双侧乳房大部分缺失或者严重畸形；

6) 未成年或者育龄女性双侧乳头完全缺失；

7) 胸廓畸形，胸式呼吸受限；

8) 一肺叶切除，并肺段或者肺组织楔形切除术后。

5.7.4 腹部损伤

1) 肝切除 1/3 以上；

2) 一侧肾切除术后；

3) 胆道损伤胆肠吻合术后，反复发作逆行性胆道感染；

4) 未成年人脾切除术后；

5) 小肠部分（包括回盲部）切除术后；

6) 永久性结肠造口；

7) 肠瘘长期不愈（1年以上）。

5.7.5 盆部及会阴部损伤

1) 永久性膀胱造口；

2) 膀胱部分切除术后合并轻度排尿功能障碍；

3) 原位肠代膀胱术后；

4) 子宫大部分切除术后；

5) 睾丸损伤，血睾酮降低，需药物替代治疗；

6) 未成年人一侧睾丸缺失或者严重萎缩；

7) 阴茎畸形，难以实施性交行为；

8) 尿道狭窄（重度）或者成形术后；

9) 肛管或者直肠损伤，排便功能重度障碍或者肛门失禁（重度）；

10) 会阴部瘢痕挛缩致肛门闭锁，结肠造口术后。

5.7.6 脊柱、骨盆及四肢损伤

1) 双下肢长度相差 8.0cm 以上；

2) 一下肢踝关节以上缺失；

3) 四肢任一大关节（踝关节除外）强直固定于非功能位；

4) 四肢任二大关节（踝关节除外）功能丧失均达 75%；

5) 一手除拇指外，余四指完全缺失；

6) 双足足弓结构完全破坏；

7) 手或者足功能丧失分值 ≥ 60 分。

5.8 八级

5.8.1 颅脑、脊髓及周围神经损伤

1) 精神障碍或者轻度智能减退，日常生活有关的活动能力重度受限；

2) 不完全运动性失语；不完全性失用、失写、失读或者失认；

3) 尿崩症（中度）；

4) 一侧大部分面瘫，遗留眼睑闭合不全和口角歪斜；

5) 单肢瘫（肌力 4 级以下）；

6) 非肢体瘫运动障碍（轻度）；

7) 一手大部分肌瘫（肌力 3 级以下）；

8) 一足全肌瘫（肌力 3 级以下）；

9) 阴茎器质性勃起障碍（轻度）。

5.8.2 头面部损伤

1) 容貌毁损（中度）；

2) 符合容貌毁损（重度）标准之一项者；

3) 头皮完全缺损，难以修复；

4) 面部条状瘢痕形成，累计长度达 30.0cm；面部中心区条状瘢痕形成（宽度达 0.2cm），累计长度达 15.0cm；

5) 面部块状增生性瘢痕形成，累计面积达 $15.0cm^2$；面部中心区块状增生性瘢痕形成，单块面积达 $7.0cm^2$ 或者多块累计面积达 $9.0cm^2$；

6) 面部片状细小瘢痕形成或者色素异常，累计面积达 $100.0cm^2$；

7) 一眼盲目 4 级；

8) 一眼视野接近完全缺损，视野有效值 ≤ 4%（直径 ≤ 5°）；

9) 双眼外伤性青光眼，经手术治疗；

10) 一侧眼睑严重畸形（或者眼睑重度下垂，遮盖全部瞳孔）合并

该眼重度视力损害；

　　11) 一耳听力障碍 ≥ 91dB HL；

　　12) 双耳听力障碍 ≥ 61dB HL；

　　13) 双侧鼻翼大部分缺损，或者鼻尖大部分缺损合并一侧鼻翼大部分缺损；

　　14) 舌体缺损达舌系带；

　　15) 唇缺损或者畸形，累计相当于上唇 1/2 以上；

　　16) 脑脊液漏经手术治疗后持续不愈；

　　17) 张口受限Ⅲ度；

　　18) 发声功能或者构音功能障碍（重度）；

　　19) 咽成形术后咽下运动异常。

5.8.3 颈部及胸部损伤

　　1) 甲状腺功能损害（中度）；

　　2) 颈总动脉或者颈内动脉严重狭窄支架置入或者血管移植术后；

　　3) 食管部分切除术后，并后遗胸腔胃；

　　4) 女性一侧乳房完全缺失；女性双侧乳房缺失或者毁损，累计范围相当于一侧乳房 3/4 以上；

　　5) 女性双侧乳头完全缺失；

　　6) 肋骨骨折 12 根以上并后遗 6 处畸形愈合；

　　7) 心脏或者大血管修补术后；

　　8) 一肺叶切除术后；

　　9) 胸廓成形术后，影响呼吸功能；

　　10) 呼吸困难（中度）。

5.8.4 腹部损伤

　　1) 腹壁缺损 ≥ 腹壁的 1/4；

2) 成年人脾切除术后；

3) 胰腺部分切除术后；

4) 胃大部分切除术后；

5) 肠部分切除术后，影响消化吸收功能；

6) 胆道损伤，胆肠吻合术后；

7) 损伤致肾性高血压；

8) 肾功能轻度下降；

9) 一侧肾上腺缺失；

10) 肾上腺皮质功能轻度减退。

5.8.5 盆部及会阴部损伤

1) 输尿管损伤行代替术或者改道术后；

2) 膀胱大部分切除术后；

3) 一侧输卵管和卵巢缺失；

4) 阴道狭窄；

5) 一侧睾丸缺失；

6) 睾丸或者附睾损伤，生殖功能轻度损害；

7) 阴茎冠状沟以上缺失；

8) 阴茎皮肤瘢痕形成，严重影响性交行为。

5.8.6 脊柱、骨盆及四肢损伤

1) 二椎体压缩性骨折(压缩程度均达 1/3)；

2) 三个以上椎体骨折，经手术治疗后；

3) 女性骨盆骨折致骨产道变形，不能自然分娩；

4) 股骨头缺血性坏死，难以行关节假体置换术；

5) 四肢长骨开放性骨折并发慢性骨髓炎、大块死骨形成，长期不愈(1年以上)；

6) 双上肢长度相差 8.0cm 以上；

7) 双下肢长度相差 6.0cm 以上；

8) 四肢任一大关节（踝关节除外）功能丧失 75% 以上；

9) 一踝关节强直固定于非功能位；

10) 一肢体各大关节功能丧失均达 50%；

11) 一手拇指缺失达近节指骨 1/2 以上并相应掌指关节强直固定；

12) 一足足弓结构完全破坏，另一足足弓结构部分破坏；

13) 手或者足功能丧失分值 ≥ 40 分。

5.8.7 体表及其他损伤

1) 皮肤瘢痕形成达体表面积 30%。

5.9 九级

5.9.1 颅脑、脊髓及周围神经损伤

1) 精神障碍或者轻度智能减退，日常生活有关的活动能力中度受限；

2) 外伤性癫痫（轻度）；

3) 脑叶部分切除术后；

4) 一侧部分面瘫，遗留眼睑闭合不全或者口角歪斜；

5) 一手部分肌瘫（肌力 3 级以下）；

6) 一足大部分肌瘫（肌力 3 级以下）；

7) 四肢重要神经损伤（上肢肘关节以上，下肢膝关节以上），遗留相应肌群肌力 3 级以下；

8) 严重影响阴茎勃起功能；

9) 轻度排便或者排尿功能障碍。

5.9.2 头面部损伤

1) 头皮瘢痕形成或者无毛发，达头皮面积 50%；

2) 颅骨缺损 25.0cm² 以上，不宜或者无法手术修补；

3) 容貌毁损（轻度）；

4) 面部条状瘢痕形成，累计长度达 20.0cm；面部条状瘢痕形成（宽度达 0.2cm），累计长度达 10.0cm，其中至少 5.0cm 以上位于面部中心区；

5) 面部块状瘢痕形成，单块面积达 7.0cm²，或者多块累计面积达 9.0cm²；

6) 面部片状细小瘢痕形成或者色素异常，累计面积达 30.0cm²；

7) 一侧眼睑严重畸形；一侧眼睑重度下垂，遮盖全部瞳孔；双侧眼睑轻度畸形；双侧眼睑下垂，遮盖部分瞳孔；

8) 双眼泪器损伤后遗溢泪；

9) 双眼角膜斑翳或者血管翳，累及瞳孔区；双眼角膜移植术后；

10) 双眼外伤性白内障；儿童人工晶体植入术后；

11) 一眼盲目 3 级；

12) 一眼重度视力损害，另一眼视力 ≤ 0.5；

13) 一眼视野极度缺损，视野有效值 ≤ 8%（直径 ≤ 10°）；

14) 双眼象限性视野缺损；

15) 一侧眼睑轻度畸形（或者眼睑下垂，遮盖部分瞳孔）合并该眼中度视力损害；

16) 一眼眶骨折后遗眼球内陷 5mm 以上；

17) 耳廓缺损或者畸形，累计相当于一侧耳廓；

18) 一耳听力障碍 ≥ 81dB HL；

19) 一耳听力障碍 ≥ 61dB HL，另一耳听力障碍 ≥ 41dB HL；

20) 一侧鼻翼或者鼻尖大部分缺损或者严重畸形；

21) 唇缺损或者畸形，露齿 3 枚以上（其中 1 枚露齿达 1/2）；

22) 颌骨骨折，经牵引或者固定治疗后遗留功能障碍；

23) 上颌骨或者下颌骨部分缺损伴牙齿缺失或者折断 7 枚以上；

24) 张口受限 Ⅱ 度；

25) 发声功能或者构音功能障碍（轻度）。

5.9.3 颈部及胸部损伤

1) 颈前三角区瘢痕形成，累计面积达 $50.0cm^2$；

2) 甲状腺功能损害（轻度）；

3) 甲状旁腺功能损害（轻度）；

4) 气管或者支气管成形术后；

5) 食管吻合术后；

6) 食管腔内支架置入术后；

7) 食管损伤，影响吞咽功能；

8) 女性双侧乳房缺失或者毁损，累计范围相当于一侧乳房 1/2 以上；

9) 女性一侧乳房大部分缺失或者严重畸形；

10) 女性一侧乳头完全缺失或者双侧乳头部分缺失（或者畸形）；

11) 肋骨骨折 12 根以上，或者肋骨部分缺失 4 根以上；肋骨骨折 8 根以上并后遗 4 处畸形愈合；

12) 心功能不全，心功能 Ⅰ 级；

13) 冠状动脉移植术后；

14) 心脏室壁瘤；

15) 心脏异物存留或者取出术后；

16) 缩窄性心包炎；

17) 胸导管损伤；

18) 肺段或者肺组织楔形切除术后；

19) 肺脏异物存留或者取出术后。

5.9.4 腹部损伤

1) 肝部分切除术后；

2) 脾部分切除术后；

3) 外伤性胰腺假性囊肿术后；

4) 一侧肾部分切除术后；

5) 胃部分切除术后；

6) 肠部分切除术后；

7) 胆道损伤胆管外引流术后；

8) 胆囊切除术后；

9) 肠梗阻反复发作；

10) 膈肌修补术后遗留功能障碍（如膈肌麻痹或者膈疝）。

5.9.5 盆部及会阴部损伤

1) 膀胱部分切除术后；

2) 输尿管狭窄成形术后；

3) 输尿管狭窄行腔内扩张术或者腔内支架置入术后；

4) 一侧卵巢缺失或者丧失功能；

5) 一侧输卵管缺失或者丧失功能；

6) 子宫部分切除术后；

7) 一侧附睾缺失；

8) 一侧输精管损伤难以修复；

9) 尿道狭窄（轻度）；

10) 肛管或者直肠损伤，排便功能轻度障碍或者肛门失禁（轻度）。

5.9.6 脊柱、骨盆及四肢损伤

1) 一椎体粉碎性骨折，椎管内骨性占位；

2) 一椎体并相应附件骨折，经手术治疗后；二椎体压缩性骨折；

3) 骨盆两处以上骨折或者粉碎性骨折，严重畸形愈合；

4) 青少年四肢长骨骨骺粉碎性或者压缩性骨折；

5) 四肢任一大关节行关节假体置换术后；

6) 双上肢前臂旋转功能丧失均达 75%；

7) 双上肢长度相差 6.0cm 以上；

8) 双下肢长度相差 4.0cm 以上；

9) 四肢任一大关节（踝关节除外）功能丧失 50% 以上；

10) 一踝关节功能丧失 75% 以上；

11) 一肢体各大关节功能丧失均达 25%；

12) 双足拇趾功能丧失均达 75%；一足 5 趾功能均完全丧失；

13) 双足跟骨粉碎性骨折畸形愈合；

14) 双足足弓结构部分破坏；一足足弓结构完全破坏；

15) 手或者足功能丧失分值 ≥ 25 分。

5.9.7 体表及其他损伤

1) 皮肤瘢痕形成达体表面积 10%。

5.10 十级

5.10.1 颅脑、脊髓及周围神经损伤

1) 精神障碍或者轻度智能减退，日常生活有关的活动能力轻度受限；

2) 颅脑损伤后遗脑软化灶形成，伴有神经系统症状或者体征；

3) 一侧部分面瘫；

4) 嗅觉功能完全丧失；

5) 尿崩症（轻度）；

6) 四肢重要神经损伤，遗留相应肌群肌力 4 级以下；

7) 影响阴茎勃起功能；

8) 开颅术后。

5.10.2 头面部损伤

1) 面颅骨部分缺损或者畸形，影响面容；

2) 头皮瘢痕形成或者无毛发，面积达 40.0cm²；

3) 面部条状瘢痕形成（宽度达 0.2cm），累计长度达 6.0cm，其中至少 3.0cm 位于面部中心区；

4) 面部条状瘢痕形成，累计长度达 10.0cm；

5) 面部块状瘢痕形成，单块面积达 3.0cm²，或者多块累计面积达 5.0cm²；

6) 面部片状细小瘢痕形成或者色素异常，累计面积达 10.0cm²；

7) 一侧眼睑下垂，遮盖部分瞳孔；一侧眼睑轻度畸形；一侧睑球粘连影响眼球运动；

8) 一眼泪器损伤后遗溢泪；

9) 一眼眶骨折后遗眼球内陷 2mm 以上；

10) 复视或者斜视；

11) 一眼角膜斑翳或者血管翳，累及瞳孔区；一眼角膜移植术后；

12) 一眼外伤性青光眼，经手术治疗；一眼外伤性低眼压；

13) 一眼外伤后无虹膜；

14) 一眼外伤性白内障；一眼无晶体或者人工晶体植入术后；

15) 一眼中度视力损害；

16) 双眼视力 ≤ 0.5；

17) 一眼视野中度缺损，视野有效值 ≤ 48%（直径 ≤ 60°）；

18) 一耳听力障碍 ≥ 61dB HL；

19) 双耳听力障碍≥41dB HL；

20) 一侧前庭平衡功能丧失，伴听力减退；

21) 耳廓缺损或者畸形，累计相当于一侧耳廓的30%；

22) 鼻尖或者鼻翼部分缺损深达软骨；

23) 唇外翻或者小口畸形；

24) 唇缺损或者畸形，致露齿；

25) 舌部分缺损；

26) 牙齿缺失或者折断7枚以上；牙槽骨部分缺损，合并牙齿缺失或者折断4枚以上；

27) 张口受限Ⅰ度；

28) 咽或者咽后区损伤影响吞咽功能。

5.10.3 颈部及胸部损伤

1) 颏颈粘连畸形松解术后；

2) 颈前三角区瘢痕形成，累计面积达$25.0cm^2$；

3) 一侧喉返神经损伤，影响功能；

4) 器质性声音嘶哑；

5) 食管修补术后；

6) 女性一侧乳房部分缺失或者畸形；

7) 肋骨骨折6根以上，或者肋骨部分缺失2根以上；肋骨骨折4根以上并后遗2处畸形愈合；

8) 肺修补术后；

9) 呼吸困难（轻度）

5.10.4 腹部损伤

1) 腹壁疝，难以手术修补；

2) 肝、脾或者胰腺修补术后；

3) 胃、肠或者胆道修补术后；

4) 膈肌修补术后。

5.10.5 盆部及会阴部损伤

1) 肾、输尿管或者膀胱修补术后；

2) 子宫或者卵巢修补术后；

3) 外阴或者阴道修补术后；

4) 睾丸破裂修补术后；

5) 一侧输精管破裂修复术后；

6) 尿道修补术后；

7) 会阴部瘢痕挛缩，肛管狭窄；

8) 阴茎头部分缺失。

5.10.6 脊柱、骨盆及四肢损伤

1) 枢椎齿状突骨折，影响功能；

2) 一椎体压缩性骨折(压缩程度达 1/3) 或者粉碎性骨折；一椎体骨折经手术治疗后；

3) 四处以上横突、棘突或者椎弓根骨折，影响功能；

4) 骨盆两处以上骨折或者粉碎性骨折，畸形愈合；

5) 一侧髌骨切除；

6) 一侧膝关节交叉韧带、半月板伴侧副韧带撕裂伤经手术治疗后，影响功能；

7) 青少年四肢长骨骨折累及骨骺；

8) 一上肢前臂旋转功能丧失 75% 以上；

9) 双上肢长度相差 4.0cm 以上；

10) 双下肢长度相差 2.0cm 以上；

11) 四肢任一大关节(踝关节除外)功能丧失 25% 以上；

12) 一踝关节功能丧失 50% 以上；

13) 下肢任一大关节骨折后遗创伤性关节炎；

14) 肢体重要血管循环障碍，影响功能；

15) 一手小指完全缺失并第 5 掌骨部分缺损；

16) 一足拇趾功能丧失 75% 以上；一足 5 趾功能丧失均达 50%；双足拇趾功能丧失均达 50%；双足除拇趾外任何 4 趾功能均完全丧失；

17) 一足跟骨粉碎性骨折畸形愈合；

18) 一足足弓结构部分破坏；

19) 手或者足功能丧失分值 ≥ 10 分。

5.10.7 体表及其他损伤

1) 手部皮肤瘢痕形成或者植皮术后，范围达一手掌面积 50%；

2) 皮肤瘢痕形成达体表面积 4%；

3) 皮肤创面长期不愈超过 1 年，范围达体表面积 1%。

6. 附　则

6.1　遇有本标准致残程度分级系列中未列入的致残情形，可根据残疾的实际情况，依据本标准附录 A 的规定，并比照最相似等级的条款，确定其致残程度等级。

6.2　同一部位和性质的残疾，不应采用本标准条款两条以上或者同一条款两次以上进行鉴定。

6.3　本标准中四肢大关节是指肩、肘、腕、髋、膝、踝等六大关节。

6.4　本标准中牙齿折断是指冠折 1/2 以上，或者牙齿部分缺失致牙髓腔暴露。

6.5　移植、再植或者再造成活组织器官的损伤应根据实际后遗功能障碍程度参照相应分级条款进行致残程度等级鉴定。

6.6　永久性植入式假体（如颅骨修补材料、种植牙、人工支架等）

损坏引起的功能障碍可参照相应分级条款进行致残程度等级鉴定。

6.7 本标准中四肢重要神经是指臂丛及其分支神经（包括正中神经、尺神经、桡神经和肌皮神经等）和腰骶丛及其分支神经（包括坐骨神经、腓总神经和胫神经等）。

6.8 本标准中四肢重要血管是指与四肢重要神经伴行的同名动、静脉。

6.9 精神分裂症或者心境障碍等内源性疾病不是外界致伤因素直接作用所致，不宜作为致残程度等级鉴定的依据，但应对外界致伤因素与疾病之间的因果关系进行说明。

6.10 本标准所指未成年人是指年龄未满18周岁者。

6.11 本标准中涉及面部瘢痕致残程度需测量长度或者面积的数值时，0~6周岁者按标准规定值50%计，7~14周岁者按80%计。

6.12 本标准中凡涉及数量、部位规定时，注明"以上"、"以下"者，均包含本数（有特别说明的除外）。

（规范性附录 A）
致残程度等级划分依据

A.1 一级残疾的划分依据

a) 组织器官缺失或者功能完全丧失，其他器官不能代偿；
b) 存在特殊医疗依赖；
c) 意识丧失；
d) 日常生活完全不能自理；
e) 社会交往完全丧失。

A.2 二级残疾的划分依据

a) 组织器官严重缺损或者畸形，有严重功能障碍，其他器官难以代偿；
b) 存在特殊医疗依赖；
c) 日常生活大部分不能自理；
d) 各种活动严重受限，仅限于床上或者椅子上的活动；
e) 社会交往基本丧失。

A.3 三级残疾的划分依据

a) 组织器官严重缺损或者畸形，有严重功能障碍；
b) 存在特殊医疗依赖；
c) 日常生活大部分或者部分不能自理；
d) 各种活动严重受限，仅限于室内的活动；
e) 社会交往极度困难。

A.4 四级残疾的划分依据

a) 组织器官严重缺损或者畸形,有重度功能障碍;

b) 存在特殊医疗依赖或者一般医疗依赖;

c) 日常生活能力严重受限,间或需要帮助;

d) 各种活动严重受限,仅限于居住范围内的活动;

e) 社会交往困难。

A.5 五级残疾的划分依据

a) 组织器官大部分缺损或者明显畸形,有中度(偏重)功能障碍;

b) 存在一般医疗依赖;

c) 日常生活能力部分受限,偶尔需要帮助;

d) 各种活动中度受限,仅限于就近的活动;

e) 社会交往严重受限。

A.6 六级残疾的划分依据

a) 组织器官大部分缺损或者明显畸形,有中度功能障碍;

b) 存在一般医疗依赖;

c) 日常生活能力部分受限,但能部分代偿,条件性需要帮助;

d) 各种活动中度受限,活动能力降低;

e) 社会交往贫乏或者狭窄。

A.7 七级残疾的划分依据

a) 组织器官大部分缺损或者明显畸形,有中度(偏轻)功能障碍;

b) 存在一般医疗依赖,无护理依赖;

c) 日常生活有关的活动能力极重度受限；

d) 各种活动中度受限，短暂活动不受限，长时间活动受限；

e) 社会交往能力降低。

A.8　八级残疾的划分依据

a) 组织器官部分缺损或者畸形，有轻度功能障碍，并造成明显影响；

b) 存在一般医疗依赖，无护理依赖；

c) 日常生活有关的活动能力重度受限；

d) 各种活动轻度受限，远距离活动受限；

e) 社会交往受约束。

A.9　九级残疾的划分依据

a) 组织器官部分缺损或者畸形，有轻度功能障碍，并造成较明显影响；

b) 无医疗依赖或者存在一般医疗依赖，无护理依赖；

c) 日常生活有关的活动能力中度受限；

d) 工作与学习能力下降；

e) 社会交往能力部分受限。

A.10　十级残疾的划分依据

a) 组织器官部分缺损或者畸形，有轻度功能障碍，并造成一定影响；

b) 无医疗依赖或者存在一般医疗依赖，无护理依赖；

c) 日常生活有关的活动能力轻度受限；

d) 工作与学习能力受到一定影响；

e) 社会交往能力轻度受限。

附录B 《中华人民共和国道路交通安全法》(节选)

制定机关：全国人大常委会

发文字号：中华人民共和国主席令第81号

公布日期：2021.4.29

施行日期：2021.4.29

时效性：现行有效

第二章 车辆和驾驶人

第一节 机动车、非机动车

第八条 国家对机动车实行登记制度。机动车经公安机关交通管理部门登记后，方可上道路行驶。尚未登记的机动车，需要临时上道路行驶的，应当取得临时通行牌证。

第十一条 驾驶机动车上道路行驶，应当悬挂机动车号牌，放置检验合格标志、保险标志，并随车携带机动车行驶证。

机动车号牌应当按照规定悬挂并保持清晰、完整，不得故意遮挡、污损。

任何单位和个人不得收缴、扣留机动车号牌。

第十三条　对登记后上道路行驶的机动车，应当依照法律、行政法规的规定，根据车辆用途、载客载货数量、使用年限等不同情况，定期进行安全技术检验。对提供机动车行驶证和机动车第三者责任强制保险单的，机动车安全技术检验机构应当予以检验，任何单位不得附加其他条件。对符合机动车国家安全技术标准的，公安机关交通管理部门应当发给检验合格标志。

对机动车的安全技术检验实行社会化。具体办法由国务院规定。

机动车安全技术检验实行社会化的地方，任何单位不得要求机动车到指定的场所进行检验。

公安机关交通管理部门、机动车安全技术检验机构不得要求机动车到指定的场所进行维修、保养。

机动车安全技术检验机构对机动车检验收取费用，应当严格执行国务院价格主管部门核定的收费标准。

第十五条　警车、消防车、救护车、工程救险车应当严格按照规定的用途和条件使用。

公路监督检查的专用车辆，应当依照公路法的规定，设置统一的标志和示警灯。

第十六条　任何单位或者个人不得有下列行为：

（一）拼装机动车或者擅自改变机动车已登记的结构、构造或者特征；

（二）改变机动车型号、发动机号、车架号或者车辆识别代号；

（三）伪造、变造或者使用伪造、变造的机动车登记证书、号牌、行驶证、检验合格标志、保险标志；

（四）使用其他机动车的登记证书、号牌、行驶证、检验合格标志、保险标志。

第十七条 国家实行机动车第三者责任强制保险制度，设立道路交通事故社会救助基金。具体办法由国务院规定。

第二节　机动车驾驶人

第十九条 驾驶机动车，应当依法取得机动车驾驶证。

申请机动车驾驶证，应当符合国务院公安部门规定的驾驶许可条件；经考试合格后，由公安机关交通管理部门发给相应类别的机动车驾驶证。

持有境外机动车驾驶证的人，符合国务院公安部门规定的驾驶许可条件，经公安机关交通管理部门考核合格的，可以发给中国的机动车驾驶证。

驾驶人应当按照驾驶证载明的准驾车型驾驶机动车；驾驶机动车时，应当随身携带机动车驾驶证。

公安机关交通管理部门以外的任何单位或者个人，不得收缴、扣留机动车驾驶证。

第二十二条 机动车驾驶人应当遵守道路交通安全法律、法规的规定，按照操作规范安全驾驶、文明驾驶。

饮酒、服用国家管制的精神药品或者麻醉药品，或者患有妨碍安全驾驶机动车的疾病，或者过度疲劳影响安全驾驶的，不得驾驶机动车。

任何人不得强迫、指使、纵容驾驶人违反道路交通安全法律、法规和机动车安全驾驶要求驾驶机动车。

第四章　道路通行规定

第一节　一般规定

第三十五条　机动车、非机动车实行右侧通行。

第三十六条　根据道路条件和通行需要，道路划分为机动车道、非机动车道和人行道的，机动车、非机动车、行人实行分道通行。没有划分机动车道、非机动车道和人行道的，机动车在道路中间通行，非机动车和行人在道路两侧通行。

第二节　机动车通行规定

第四十二条　机动车上道路行驶，不得超过限速标志标明的最高时速。在没有限速标志的路段，应当保持安全车速。

夜间行驶或者在容易发生危险的路段行驶，以及遇有沙尘、冰雹、雨、雪、雾、结冰等气象条件时，应当降低行驶速度。

第四十三条　同车道行驶的机动车，后车应当与前车保持足以采取紧急制动措施的安全距离。有下列情形之一的，不得超车：

（一）前车正在左转弯、掉头、超车的；

（二）与对面来车有会车可能的；

（三）前车为执行紧急任务的警车、消防车、救护车、工程救险车的；

（四）行经铁路道口、交叉路口、窄桥、弯道、陡坡、隧道、人行横道、市区交通流量大的路段等没有超车条件的。

第四十四条　机动车通过交叉路口，应当按照交通信号灯、交通标志、交通标线或者交通警察的指挥通过；通过没有交通信号灯、交通标志、交通标线或者交通警察指挥的交叉路口时，应当减速慢行，并让行人和优先通行的车辆先行。

第四十七条　机动车行经人行横道时，应当减速行驶；遇行人正在通过人行横道，应当停车让行。

机动车行经没有交通信号的道路时，遇行人横过道路，应当避让。

第四十九条　机动车载人不得超过核定的人数，客运机动车不得违反规定载货。

第五十一条　机动车行驶时，驾驶人、乘坐人员应当按规定使用安全带，摩托车驾驶人及乘坐人员应当按规定戴安全头盔。

第五十六条　机动车应当在规定地点停放。禁止在人行道上停放机动车；但是，依照本法第三十三条规定施划的停车泊位除外。

在道路上临时停车的，不得妨碍其他车辆和行人通行。

第三节　非机动车通行规定

第五十七条　驾驶非机动车在道路上行驶应当遵守有关交通安全的规定。非机动车应当在非机动车道内行驶；在没有非机动车道的道路上，应当靠车行道的右侧行驶。

第五节　高速公路的特别规定

第六十七条　行人、非机动车、拖拉机、轮式专用机械车、铰接式客车、全挂拖斗车以及其他设计最高时速低于七十公里的机动车，不得进入高速公路。高速公路限速标志标明的最高时速不得超过一百二十公里。

第五章　交通事故处理

第七十条　在道路上发生交通事故，车辆驾驶人应当立即停车，保护现场；造成人身伤亡的，车辆驾驶人应当立即抢救受伤人员，并迅速报告执勤的交通警察或者公安机关交通管理部门。因抢救受伤人员变动现场的，应当标明位置。乘车人、过往车辆驾驶人、过往行人应当予以协助。

在道路上发生交通事故，未造成人身伤亡，当事人对事实及成因无争议的，可以即行撤离现场，恢复交通，自行协商处理损害赔偿事宜；不即行撤离现场的，应当迅速报告执勤的交通警察或者公安机关交通管理部门。

在道路上发生交通事故，仅造成轻微财产损失，并且基本事实清楚的，当事人应当先撤离现场再进行协商处理。

第七十一条 车辆发生交通事故后逃逸的，事故现场目击人员和其他知情人员应当向公安机关交通管理部门或者交通警察举报。举报属实的，公安机关交通管理部门应当给予奖励。

第七十二条 公安机关交通管理部门接到交通事故报警后，应当立即派交通警察赶赴现场，先组织抢救受伤人员，并采取措施，尽快恢复交通。

交通警察应当对交通事故现场进行勘验、检查，收集证据；因收集证据的需要，可以扣留事故车辆，但是应当妥善保管，以备核查。

对当事人的生理、精神状况等专业性较强的检验，公安机关交通管理部门应当委托专门机构进行鉴定。鉴定结论应当由鉴定人签名。

第七十三条 公安机关交通管理部门应当根据交通事故现场勘验、检查、调查情况和有关的检验、鉴定结论，及时制作交通事故认定书，作为处理交通事故的证据。交通事故认定书应当载明交通事故的基本事实、成因和当事人的责任，并送达当事人。

第七十四条 对交通事故损害赔偿的争议，当事人可以请求公安机关交通管理部门调解，也可以直接向人民法院提起民事诉讼。

经公安机关交通管理部门调解，当事人未达成协议或者调解书生效后不履行的,当事人可以向人民法院提起民事诉讼。

第七十五条　医疗机构对交通事故中的受伤人员应当及时抢救,不得因抢救费用未及时支付而拖延救治。肇事车辆参加机动车第三者责任强制保险的,由保险公司在责任限额范围内支付抢救费用;抢救费用超过责任限额的,未参加机动车第三者责任强制保险或者肇事后逃逸的,由道路交通事故社会救助基金先行垫付部分或者全部抢救费用,道路交通事故社会救助基金管理机构有权向交通事故责任人追偿。

第七十六条　机动车发生交通事故造成人身伤亡、财产损失的,由保险公司在机动车第三者责任强制保险责任限额范围内予以赔偿;不足的部分,按照下列规定承担赔偿责任:

(一)机动车之间发生交通事故的,由有过错的一方承担赔偿责任;双方都有过错的,按照各自过错的比例分担责任。

(二)机动车与非机动车驾驶人、行人之间发生交通事故,非机动车驾驶人、行人没有过错的,由机动车一方承担赔偿责任;有证据证明非机动车驾驶人、行人有过错的,根据过错程度适当减轻机动车一方的赔偿责任;机动车一方没有过错的,承担不超过百分之十的赔偿责任。

交通事故的损失是由非机动车驾驶人、行人故意碰撞机动车造成的,机动车一方不承担赔偿责任。

第七十七条　车辆在道路以外通行时发生的事故,公安机关交通管理部门接到报案的,参照本法有关规定办理。

第七章　法律责任

第一百零五条　道路施工作业或者道路出现损毁，未及时设置警示标志、未采取防护措施，或者应当设置交通信号灯、交通标志、交通标线而没有设置或者应当及时变更交通信号灯、交通标志、交通标线而没有及时变更，致使通行的人员、车辆及其他财产遭受损失的，负有相关职责的单位应当依法承担赔偿责任。

第八章　附　则

第一百一十九条　本法中下列用语的含义：

（一）"道路"，是指公路、城市道路和虽在单位管辖范围但允许社会机动车通行的地方，包括广场、公共停车场等用于公众通行的场所。

（二）"车辆"，是指机动车和非机动车。

（三）"机动车"，是指以动力装置驱动或者牵引，上道路行驶的供人员乘用或者用于运送物品以及进行工程专项作业的轮式车辆。

（四）"非机动车"，是指以人力或者畜力驱动，上道路行驶的交通工具，以及虽有动力装置驱动但设计最高时速、空车质量、外形尺寸符合有关国家标准的残疾人机动轮椅车、电动自行车等交通工具。

（五）"交通事故"，是指车辆在道路上因过错或者意外造成的人身伤亡或者财产损失的事件。

附录 C 《道路交通事故处理程序规定》

制定机关：公安部

发文字号：中华人民共和国公安部令第 146 号

公布日期：2017.07.22

施行日期：2018.05.01

时效性：现行有效

效力位阶：部门规章

第二章 管 辖

第十条 道路交通事故发生在两个以上管辖区域的，由事故起始点所在地公安机关交通管理部门管辖。

对管辖权有争议的，由共同的上一级公安机关交通管理部门指定管辖。指定管辖前，最先发现或者最先接到报警的公安机关交通管理部门应当先行处理。

第十一条 上级公安机关交通管理部门在必要的时候,可以处理下级公安机关交通管理部门管辖的道路交通事故,或者指定下级公安机关交通管理部门限时将案件移送其他下级公安机关交通管理部门处理。

案件管辖权发生转移的,处理时限从案件接收之日起计算。

第三章 报警和受案

第十三条 发生死亡事故、伤人事故的,或者发生财产损失事故且有下列情形之一的,当事人应当保护现场并立即报警:

(一)驾驶人无有效机动车驾驶证或者驾驶的机动车与驾驶证载明的准驾车型不符的;

(二)驾驶人有饮酒、服用国家管制的精神药品或者麻醉药品嫌疑的;

(三)驾驶人有从事校车业务或者旅客运输,严重超过额定乘员载客,或者严重超过规定时速行驶嫌疑的;

(四)机动车无号牌或者使用伪造、变造的号牌的;

(五)当事人不能自行移动车辆的;

(六)一方当事人离开现场的;

(七)有证据证明事故是由一方故意造成的。

驾驶人必须在确保安全的原则下,立即组织车上人员疏散到路外安全地点,避免发生次生事故。驾驶人已因道路交通事故死亡或者受伤无法行动的，车上其他人员应当自行组织疏散。

第十四条　发生财产损失事故且有下列情形之一，车辆可以移动的，当事人应当组织车上人员疏散到路外安全地点，在确保安全的原则下，采取现场拍照或者标划事故车辆现场位置等方式固定证据，将车辆移至不妨碍交通的地点后报警：

（一）机动车无检验合格标志或者无保险标志的；

（二）碰撞建筑物、公共设施或者其他设施的。

第十八条　发生道路交通事故后当事人未报警，在事故现场撤除后，当事人又报警请求公安机关交通管理部门处理的，公安机关交通管理部门应当按照本规定第十六条规定的记录内容予以记录，并在三日内作出是否接受案件的决定。

经核查道路交通事故事实存在的，公安机关交通管理部门应当受理，制作受案登记表；经核查无法证明道路交通事故事实存在，或者不属于公安机关交通管理部门管辖的，应当书面告知当事人，并说明理由。

第四章　自行协商

第十九条　机动车与机动车、机动车与非机动车发生财产损失事故，当事人应当在确保安全的原则下，采取现场拍照或者标划事故车辆现场位置等方式固定证据后，立即撤离现场，将车辆移至不妨碍交通的地点，再协商处理损害赔偿事宜，但有本规定第十三条第一款情形的除外。

非机动车与非机动车或者行人发生财产损失事故，当事人应当先撤离现场，再协商处理损害赔偿事宜。

对应当自行撤离现场而未撤离的，交通警察应当责令当事人撤离现场；造成交通堵塞的，对驾驶人处以200元罚款。

第二十条 发生可以自行协商处理的财产损失事故，当事人可以通过互联网在线自行协商处理；当事人对事实及成因有争议的，可以通过互联网共同申请公安机关交通管理部门在线确定当事人的责任。

当事人报警的，交通警察、警务辅助人员可以指导当事人自行协商处理。当事人要求交通警察到场处理的，应当指派交通警察到现场调查处理。

第二十一条 当事人自行协商达成协议的，制作道路交通事故自行协商协议书，并共同签名。道路交通事故自行协商协议书应当载明事故发生的时间、地点、天气、当事人姓名、驾驶证号或者身份证号、联系方式、机动车种类和号牌号码、保险公司、保险凭证号、事故形态、碰撞部位、当事人的责任等内容。

第二十二条 当事人自行协商达成协议的，可以按照下列方式履行道路交通事故损害赔偿：

（一）当事人自行赔偿；

（二）到投保的保险公司或者道路交通事故保险理赔服务场所办理损害赔偿事宜。

当事人自行协商达成协议后未履行的，可以申请人民调解委员会调解或者向人民法院提起民事诉讼。

第五章 简易程序

第二十三条 公安机关交通管理部门可以适用简易程序处理以下道路交通事故，但有交通肇事、危险驾驶犯罪嫌疑的除外：

（一）财产损失事故；

（二）受伤当事人伤势轻微，各方当事人一致同意适用简易程序处理的伤人事故。

适用简易程序的，可以由一名交通警察处理。

第二十四条 交通警察适用简易程序处理道路交通事故时，应当在固定现场证据后，责令当事人撤离现场，恢复交通。拒不撤离现场的，予以强制撤离。当事人无法及时移动车辆影响通行和交通安全的，交通警察应当将车辆移至不妨碍交通的地点。具有本规定第十三条第一款第一项、第二项情形之一的，按照《中华人民共和国道路交通安全法实施条例》第一百零四条规定处理。

撤离现场后，交通警察应当根据现场固定的证据和当事人、证人陈述等，认定并记录道路交通事故发生的时间、地点、天气、当事人姓名、驾驶证号或者身份证号、联系方式、机动车种类和号牌号码、保险公司、保险凭证号、道路交通事故形态、碰撞部位等，并根据本规定第六十条确定当事人的责任，当场制作道路交通事故认定书。不具备当场制作条件的，交通警察应当在三日内制作道路交通事故认定书。

道路交通事故认定书应当由当事人签名，并现场送达当事人。当事人拒绝签名或者接收的，交通警察应当在道路交通事故认定书上注明情况。

第二十五条 当事人共同请求调解的,交通警察应当当场进行调解,并在道路交通事故认定书上记录调解结果,由当事人签名,送达当事人。

第二十六条 有下列情形之一的,不适用调解,交通警察可以在道路交通事故认定书上载明有关情况后,将道路交通事故认定书送达当事人:

(一)当事人对道路交通事故认定有异议的;

(二)当事人拒绝在道路交通事故认定书上签名的;

(三)当事人不同意调解的。

第六章 调 查

第二节 现场处置和调查

第三十二条 交通警察应当对事故现场开展下列调查工作:

(一)勘查事故现场,查明事故车辆、当事人、道路及其空间关系和事故发生时的天气情况;

(二)固定、提取或者保全现场证据材料;

(三)询问当事人、证人并制作询问笔录;现场不具备制作询问笔录条件的,可以通过录音、录像记录询问过程;

(四)其他调查工作。

第三十三条 交通警察勘查道路交通事故现场,应当按照有关法规和标准的规定，拍摄现场照片，绘制现场图，及时提取、采集与案件有关的痕迹、物证等，制作现场勘查笔录。现场勘查过程中发现当事人涉嫌利用交通工具实施其他犯罪的，应当妥善保护犯罪现场和证据，控制犯罪嫌疑人，并立即报告公安机关主管部门。

发生一次死亡三人以上事故的，应当进行现场摄像，必要时可以聘请具有专门知识的人参加现场勘验、检查。

现场图、现场勘查笔录应当由参加勘查的交通警察、当事人和见证人签名。当事人、见证人拒绝签名或者无法签名以及无见证人的，应当记录在案。

第三十九条 因收集证据的需要，公安机关交通管理部门可以扣留事故车辆，并开具行政强制措施凭证。扣留的车辆应当妥善保管。

公安机关交通管理部门不得扣留事故车辆所载货物。对所载货物在核实重量、体积及货物损失后，通知机动车驾驶人或者货物所有人自行处理。无法通知当事人或者当事人不自行处理的，按照《公安机关办理行政案件程序规定》的有关规定办理。

严禁公安机关交通管理部门指定停车场停放扣留的事故车辆。

第四十条 当事人涉嫌犯罪的，因收集证据的需要，公安机关交通管理部门可以依据《中华人民共和国刑事诉讼法》《公安机关办理刑事案件程序规定》，扣押机动车驾驶证等与事故有关的物品、证件，并按照规定出具扣押法律文书。扣押的物品应当妥善保管。

对扣押的机动车驾驶证等物品、证件，作为证据使用的，应当随案移送，并制作随案移送清单一式两份，一份留存，一份交人民检察院。对于实物不宜移送的，应当将其清单、照片或者其他证明文件随案移送。待人民法院作出生效判决后，按照人民法院的通知，依法作出处理。

第四十二条 投保机动车交通事故责任强制保险的车辆发生道路交通事故，因抢救受伤人员需要保险公司支付抢救费用的，公安机关交通管理部门应当书面通知保险公司。

抢救受伤人员需要道路交通事故社会救助基金垫付费用的，公安机关交通管理部门应当书面通知道路交通事故社会救助基金管理机构。

道路交通事故造成人员死亡需要救助基金垫付丧葬费用的，公安机关交通管理部门应当在送达尸体处理通知书的同时，告知受害人亲属向道路交通事故社会救助基金管理机构提出书面垫付申请。

第三节　交通肇事逃逸查缉

第四十三条 公安机关交通管理部门应当根据管辖区域和道路情况，制定交通肇事逃逸案件查缉预案，并组织专门力量办理交通肇事逃逸案件。

发生交通肇事逃逸案件后，公安机关交通管理部门应当立即启动查缉预案，布置警力堵截，并通过全国机动车缉查布控系统查缉。

第四十八条 道路交通事故社会救助基金管理机构已经为受害人垫付抢救费用或者丧葬费用的，公安机关交通管理部门应当在交通肇事逃逸案件侦破后及时书面告知道路交通事故社会救助基金管理机构交通肇事逃逸驾驶人的有关情况。

第四节 检验、鉴定

第四十九条 需要进行检验、鉴定的，公安机关交通管理部门应当按照有关规定，自事故现场调查结束之日起三日内委托具备资质的鉴定机构进行检验、鉴定。

尸体检验应当在死亡之日起三日内委托。对交通肇事逃逸车辆的检验、鉴定自查获肇事嫌疑车辆之日起三日内委托。

对现场调查结束之日起三日后需要检验、鉴定的，应当报经上一级公安机关交通管理部门批准。

对精神疾病的鉴定，由具有精神病鉴定资质的鉴定机构进行。

第五十条 检验、鉴定费用由公安机关交通管理部门承担，但法律法规另有规定或者当事人自行委托伤残评定、财产损失评估的除外。

第五十一条 公安机关交通管理部门应当与鉴定机构确定检验、鉴定完成的期限，确定的期限不得超过三十日。超过三十日的，应当报经上一级公安机关交通管理部门批准，但最长不得超过六十日。

第五十四条 鉴定机构应当在规定的期限内完成检验、鉴定，并出具书面检验报告、鉴定意见，由鉴定人签名，鉴定意见还应当加盖机构印章。检验报告、鉴定意见应当载明以下事项：

（一）委托人；

（二）委托日期和事项；

（三）提交的相关材料；

（四）检验、鉴定的时间；

（五）依据和结论性意见，通过分析得出结论性意见的，应当有分析证明过程。

检验报告、鉴定意见应当附有鉴定机构、鉴定人的资质证明或者其他证明文件。

第五十五条 公安机关交通管理部门应当对检验报告、鉴定意见进行审核，并在收到检验报告、鉴定意见之日起五日内，将检验报告、鉴定意见复印件送达当事人，但有下列情形之一的除外：

（一）检验、鉴定程序违法或者违反相关专业技术要求，可能影响检验报告、鉴定意见公正、客观的；

（二）鉴定机构、鉴定人不具备鉴定资质和条件的；

（三）检验报告、鉴定意见明显依据不足的；

（四）故意作虚假鉴定的；

（五）鉴定人应当回避而没有回避的；

（六）检材虚假或者检材被损坏、不具备鉴定条件的；

（七）其他可能影响检验报告、鉴定意见公正、客观的情形。

检验报告、鉴定意见有前款规定情形之一的，经县级以上公安机关交通管理部门负责人批准，应当在收到检验报告、鉴定意见之日起三日内重新委托检验、鉴定。

第五十六条 当事人对检验报告、鉴定意见有异议，申请重新检验、鉴定的，应当自公安机关交通管理部门送达之日起三日内提出书面申请，经县级以上公安机关交通管理部门负责人批准，原办案单位应当重新委托检验、鉴定。检验报告、鉴定意见不具有本规定第五十五条第一款情形的，经县级以上公安机关交通管理部门负责人批准，由原办案单位作出不准予重新检验、鉴定的决定，并在作出决定之日起三日内书面通知申请人。

同一交通事故的同一检验、鉴定事项，重新检验、鉴定以一次为限。

第五十七条 重新检验、鉴定应当另行委托鉴定机构。

第五十八条 自检验报告、鉴定意见确定之日起五日内，公安机关交通管理部门应当通知当事人领取扣留的事故车辆。

因扣留车辆发生的费用由作出决定的公安机关交通管理部门承担，但公安机关交通管理部门通知当事人领取，当事人逾期未领取产生的停车费用由当事人自行承担。

经通知当事人三十日后不领取的车辆，经公告三个月仍不领取的，对扣留的车辆依法处理。

第七章　认定与复核

第一节　道路交通事故认定

第五十九条 道路交通事故认定应当做到事实清楚、证据确实充分、适用法律正确、责任划分公正、程序合法。

第六十条 公安机关交通管理部门应当根据当事人的行为对发生道路交通事故所起的作用以及过错的严重程度，确定当事人的责任。

（一）因一方当事人的过错导致道路交通事故的，承担全部责任；

（二）因两方或者两方以上当事人的过错发生道路交通事故的，根据其行为对事故发生的作用以及过错的严重程度，分别承担主要责任、同等责任和次要责任；

（三）各方均无导致道路交通事故的过错，属于交通意外事故的，各方均无责任。

一方当事人故意造成道路交通事故的，他方无责任。

第六十一条 当事人有下列情形之一的，承担全部责任：

（一）发生道路交通事故后逃逸的；

（二）故意破坏、伪造现场、毁灭证据的。

为逃避法律责任追究，当事人弃车逃逸以及潜逃藏匿的，如有证据证明其他当事人也有过错，可以适当减轻责任，但同时有证据证明逃逸当事人有第一款第二项情形的，不予减轻。

第六十二条 公安机关交通管理部门应当自现场调查之日起十日内制作道路交通事故认定书。交通肇事逃逸案件在查获交通肇事车辆和驾驶人后十日内制作道路交通事故认定书。对需要进行检验、鉴定的，应当在检验报告、鉴定意见确定之日起五日内制作道路交通事故认定书。

有条件的地方公安机关交通管理部门可以试行在互联网公布道路交通事故认定书，但对涉及的国家秘密、商业秘密或者个人隐私，应当保密。

第六十四条 道路交通事故认定书应当载明以下内容：

（一）道路交通事故当事人、车辆、道路和交通环境等基本情况；

（二）道路交通事故发生经过；

（三）道路交通事故证据及事故形成原因分析；

（四）当事人导致道路交通事故的过错及责任或者意外原因；

（五）作出道路交通事故认定的公安机关交通管理部门名称和日期。

道路交通事故认定书应当由交通警察签名或者盖章，加盖公安机关交通管理部门道路交通事故处理专用章。

第六十五条 道路交通事故认定书应当在制作后三日内分别送达当事人，并告知申请复核、调解和提起民事诉讼的权利、期限。

当事人收到道路交通事故认定书后，可以查阅、复制、摘录公安机关交通管理部门处理道路交通事故的证据材料，但证人要求保密或者涉及国家秘密、商业秘密以及个人隐私的，按照有关法律法规的规定执行。公安机关交通管理部门对当事人复制的证据材料应当加盖公安机关交通管理部门事故处理专用章。

第六十六条 交通肇事逃逸案件尚未侦破，受害一方当事人要求出具道路交通事故认定书的，公安机关交通管理部门应当在接到当事人书面申请后十日内，根据本规定第六十一条确定各方当事人责任，制作道路交通事故认定书，并送达受害方当事人。道路交通事故认定书应当载明事故发生的时间、地点、受害人情况及调查得到的事实，以及受害方当事人的责任。

交通肇事逃逸案件侦破后，已经按照前款规定制作道路交通事故认定书的，应当按照本规定第六十一条重新确定责任，制作道路交通事故认定书，分别送达当事人。重新制作的道路交通事故认定书除应当载明本规定第六十四条规定的内容外，还应当注明撤销原道路交通事故认定书。

第六十七条 道路交通事故基本事实无法查清、成因无法判定的，公安机关交通管理部门应当出具道路交通事故证明，载明道路交通事故发生的时间、地点、当事人情况及调查得到的事实，分别送达当事人，并告知申请复核、调解和提起民事诉讼的权利、期限。

第六十八条 由于事故当事人、关键证人处于抢救状态或者因其他客观原因导致无法及时取证，现有证据不足以认定案件基本事实的，经上一级公安机关交通管理部门批准，道路交通事故认定的时限可中止计算，并书面告知各方当事人或者其代理人，但中止的时间最长不得超过六十日。

当中止认定的原因消失，或者中止期满受伤人员仍然无法接受调查的，公安机关交通管理部门应当在五日内，根据已经调查取得的证据制作道路交通事故认定书或者出具道路交通事故证明。

第六十九条 伤人事故符合下列条件，各方当事人一致书面申请快速处理的，经县级以上公安机关交通管理部门负责人批准，可以根据已经取得的证据，自当事人申请之日起五日内制作道路交通事故认定书：

（一）当事人不涉嫌交通肇事、危险驾驶犯罪的；

（二）道路交通事故基本事实及成因清楚，当事人无异议的。

第七十条 对尚未查明身份的当事人，公安机关交通管理部门应当在道路交通事故认定书或者道路交通事故证明中予以注明，待身份信息查明以后，制作书面补充说明送达各方当事人。

第二节 复 核

第七十一条 当事人对道路交通事故认定或者出具道路交通事故证明有异议的，可以自道路交通事故认定书或者道路交通事故证明送达之日起三日内提出书面复核申请。当事人逾期提交复核申请的，不予受理，并书面通知申请人。

复核申请应当载明复核请求及其理由和主要证据。同一事故的复核以一次为限。

第七十二条 复核申请人通过作出道路交通事故认定的公安机关交通管理部门提出复核申请的，作出道路交通事故认定的公安机关交通管理部门应当自收到复核申请之日起二日内将复核申请连同道路交通事故有关材料移送上一级公安机关交通管理部门。

复核申请人直接向上一级公安机关交通管理部门提出复核申请的，上一级公安机关交通管理部门应当通知作出道路交通事故认定的公安机关交通管理部门自收到通知之日起五日内提交案卷材料。

第七十三条 除当事人逾期提交复核申请的情形外，上一级公安机关交通管理部门收到复核申请之日即为受理之日。

第七十四条 上一级公安机关交通管理部门自受理复核申请之日起三十日内，对下列内容进行审查，并作出复核结论：

（一）道路交通事故认定的事实是否清楚、证据是否确实充分、适用法律是否正确、责任划分是否公正；

（二）道路交通事故调查及认定程序是否合法；

（三）出具道路交通事故证明是否符合规定。

复核原则上采取书面审查的形式，但当事人提出要求或者公安机关交通管理部门认为有必要时，可以召集各方当事人到场，听取各方意见。

办理复核案件的交通警察不得少于二人。

第七十五条 复核审查期间，申请人提出撤销复核申请的，公安机关交通管理部门应当终止复核，并书面通知各方当事人。

受理复核申请后，任何一方当事人就该事故向人民法院提起诉讼并经人民法院受理的，公安机关交通管理部门应当将受理当事人复核申请的有关情况告知相关人民法院。

受理复核申请后，人民检察院对交通肇事犯罪嫌疑人作出批准逮捕决定的，公安机关交通管理部门应当将受理当事人复核申请的有关情况告知相关人民检察院。

第七十六条 上一级公安机关交通管理部门认为原道路交通事故认定事实清楚、证据确实充分、适用法律正确、责任划分公正、程序合法的，应当作出维持原道路交通事故认定的复核结论。

上一级公安机关交通管理部门认为调查及认定程序存在瑕疵，但不影响道路交通事故认定的，在责令原办案单位补正或者作出合理解释后，可以作出维持原道路交通事故认定的复核结论。

上一级公安机关交通管理部门认为原道路交通事故认定有下列情形之一的，应当作出责令原办案单位重新调查、认定的复核结论：

（一）事实不清的；

（二）主要证据不足的；

（三）适用法律错误的；

（四）责任划分不公正的；

（五）调查及认定违反法定程序可能影响道路交通事故认定的。

第七十七条　上一级公安机关交通管理部门审查原道路交通事故证明后，按下列规定处理：

（一）认为事故成因确属无法查清，应当作出维持原道路交通事故证明的复核结论；

（二）认为事故成因仍需进一步调查的，应当作出责令原办案单位重新调查、认定的复核结论。

第七十八条　上一级公安机关交通管理部门应当在作出复核结论后三日内将复核结论送达各方当事人。公安机关交通管理部门认为必要的，应当召集各方当事人，当场宣布复核结论。

第七十九条　上一级公安机关交通管理部门作出责令重新调查、认定的复核结论后，原办案单位应当在十日内依照本规定重新调查，重新作出道路交通事故认定，撤销原道路交通事故认定书或者原道路交通事故证明。

重新调查需要检验、鉴定的，原办案单位应当在检验报告、鉴定意见确定之日起五日内，重新作出道路交通事故认定。

重新作出道路交通事故认定的，原办案单位应当送达各方当事人，并报上一级公安机关交通管理部门备案。

第八十条　上一级公安机关交通管理部门可以设立道路交通事故复核委员会，由办理复核案件的交通警察会同相关行业代表、社会专家学者等人员共同组成，负责案件复核，并以上一级公安机关交通管理部门的名义作出复核结论。

第九章 损害赔偿调解

第八十四条 当事人可以采取以下方式解决道路交通事故损害赔偿争议：

（一）申请人民调解委员会调解；

（二）申请公安机关交通管理部门调解；

（三）向人民法院提起民事诉讼。

第八十五条 当事人申请人民调解委员会调解，达成调解协议后，双方当事人认为有必要的，可以根据《中华人民共和国人民调解法》共同向人民法院申请司法确认。

当事人申请人民调解委员会调解，调解未达成协议的，当事人可以直接向人民法院提起民事诉讼，或者自人民调解委员会作出终止调解之日起三日内，一致书面申请公安机关交通管理部门进行调解。

第八十六条 当事人申请公安机关交通管理部门调解的，应当在收到道路交通事故认定书、道路交通事故证明或者上一级公安机关交通管理部门维持原道路交通事故认定的复核结论之日起十日内一致书面申请。

当事人申请公安机关交通管理部门调解，调解未达成协议的，当事人可以依法向人民法院提起民事诉讼，或者申请人民调解委员会进行调解。

第八十七条 公安机关交通管理部门应当按照合法、公正、自愿、及时的原则进行道路交通事故损害赔偿调解。

道路交通事故损害赔偿调解应当公开进行，但当事人申请不予公开的除外。

第八十八条 公安机关交通管理部门应当与当事人约定调解的时间、地点，并于调解时间三日前通知当事人。口头通知的，应当记入调解记录。

调解参加人因故不能按期参加调解的，应当在预定调解时间一日前通知承办的交通警察，请求变更调解时间。

第八十九条 参加损害赔偿调解的人员包括：

（一）道路交通事故当事人及其代理人；

（二）道路交通事故车辆所有人或者管理人；

（三）承保机动车保险的保险公司人员；

（四）公安机关交通管理部门认为有必要参加的其他人员。

委托代理人应当出具由委托人签名或者盖章的授权委托书。授权委托书应当载明委托事项和权限。

参加损害赔偿调解的人员每方不得超过三人。

第九十条 公安机关交通管理部门受理调解申请后，应当按照下列规定日期开始调解：

（一）造成人员死亡的，从规定的办理丧葬事宜时间结束之日起；

（二）造成人员受伤的，从治疗终结之日起；

（三）因伤致残的，从定残之日起；

（四）造成财产损失的，从确定损失之日起。

公安机关交通管理部门受理调解申请时已超过前款规定的时间，调解自受理调解申请之日起开始。

公安机关交通管理部门应当自调解开始之日起十日内制作道路交通事故损害赔偿调解书或者道路交通事故损害赔偿调解终结书。

第九十一条　交通警察调解道路交通事故损害赔偿，按照下列程序实施：

（一）告知各方当事人权利、义务；

（二）听取各方当事人的请求及理由；

（三）根据道路交通事故认定书认定的事实以及《中华人民共和国道路交通安全法》第七十六条的规定，确定当事人承担的损害赔偿责任；

（四）计算损害赔偿的数额，确定各方当事人承担的比例，人身损害赔偿的标准按照《中华人民共和国侵权责任法》《最高人民法院关于审理人身损害赔偿案件适用法律若干问题的解释》《最高人民法院关于审理道路交通事故损害赔偿案件适用法律若干问题的解释》等有关规定执行，财产损失的修复费用、折价赔偿费用按照实际价值或者评估机构的评估结论计算；

（五）确定赔偿履行方式及期限。

第九十二条　因确定损害赔偿的数额，需要进行伤残评定、财产损失评估的，由各方当事人协商确定有资质的机构进行，但财产损失数额巨大涉嫌刑事犯罪的，由公安机关交通管理部门委托。

当事人委托伤残评定、财产损失评估的费用，由当事人承担。

第九十三条　经调解达成协议的，公安机关交通管理部门应当当场制作道路交通事故损害赔偿调解书，由各方当事人签字，分别送达各方当事人。

调解书应当载明以下内容：

（一）调解依据；

（二）道路交通事故认定书认定的基本事实和损失情况；

（三）损害赔偿的项目和数额；

（四）各方的损害赔偿责任及比例；

（五）赔偿履行方式和期限；

（六）调解日期。

经调解各方当事人未达成协议的，公安机关交通管理部门应当终止调解，制作道路交通事故损害赔偿调解终结书，送达各方当事人。

第九十四条　有下列情形之一的，公安机关交通管理部门应当终止调解，并记录在案：

（一）调解期间有一方当事人向人民法院提起民事诉讼的；

（二）一方当事人无正当理由不参加调解的；

（三）一方当事人调解过程中退出调解的。

第九十五条　有条件的地方公安机关交通管理部门可以联合有关部门，设置道路交通事故保险理赔服务场所。